# ¿Quién se ha llevado mi pasta?

# ¿Quién se ha llevado mi pasta?

Javier Ruiz

Prólogo de
Gay de Liébana

AGUILAR

Primera edición: mayo de 2015



Diseño de cubierta: Compañía
Fotografía de cubierta: Paco Navarro



Printed in Spain - Impreso en España

ISBN: 978-84-03-50113-3
Depósito legal: B-9178-2015

Impreso en Liberdúplex, Sant Llorenç d'Hortons (Barcelona)

AG 0 1 1 3 3

Penguin
Random House
Grupo Editorial

*A mis hermanos, Álvaro y Juan*

# Índice

# Prólogo

De vez en cuando uno se sorprende. Siempre he admirado a Javier Ruiz con quien hace ya varios años coincido al invadir por mi parte, cual vulgar intruso, su particular territorio como periodista. Porque a menudo, sobre todo en estos últimos tiempos, los economistas penetramos —sería más apropiado decir que profanamos— en el mundo exclusivo y reservado de quienes desempeñan un excelente trabajo que todos agradecemos por las aportaciones de tanto peso que realizan en aras de la transparencia informativa.

Sin el magnífico quehacer de los periodistas nosotros no sabríamos nada de nada, viviríamos felices e ignorantes en el limbo de la más absoluta inopia y nos creeríamos todo lo que desde las altas instancias, y bajas también, nos van contando para que el pueblo llano, que somos nosotros, trague, se regocije y se crea esas películas de dibujos animados que a diario nos echan.

Por suerte, ahí o aquí está la prensa que no es más que ese extraordinario y valiente conjunto de periodistas que cada cual a su manera y con su estilo peculiar nos explica las verdades o, cuando menos, nos ayuda a saber interpretar la realidad de los acontecimientos desde diferentes ángulos. Creo, y permítaseme la licencia de tal afirmación, hecha desde el profundo respeto que siento por la profesión periodística, que ellos, los periodistas, no acaban de ser plenamente conscientes de la trascendencia de sus contribuciones, de la calidad y cantidad del saber que nos transmiten, de todo lo que aprendemos gracias a su labor. Nos proporcionan la información necesaria y suficiente como para que seamos capaces de formarnos opiniones, bien contrastadas, sobre lo que acaece en nuestro día a día.

Javier Ruiz es un periodista muy especial, hecho de una madera muy noble, hombre perspicaz e inteligente, investigador constante, narrador de actualidades que aporta unos puntos de vista siempre interesantes y enriquecedores, y un auténtico cerebro de datos, aristas y profundidades. Eso sí, no soy capaz de imaginar al querido Javier sin su iPad a cuestas. Cualquier precisión, el más mínimo detalle, una duda, extremos que resaltar..., ahí está la tableta de Javier, sobre la que escribe, subraya, remarca, anota y borra... Calcula y recalcula...

De Javier he aprendido y aprendo muchas cosas no solo por su papel de brillante comunicador, con porte de excepcional profesor universitario, dando cadencia singular a sus explicaciones, formulándose los interrogantes adecuados en el momento oportuno, también por el tono pedagógico de sus intervenciones, por su control sobre los tiempos, y, en especial, por la claridad de sus comentarios y la profundidad de los mismos, por su erudición y sapiencia. Si escuchar a Javier Ruiz ya constituye en sí un auténtico placer, leerlo es un verdadero lujo. Javier ignora la de cosas suyas que tengo guardadas en mis discos duros.

Esas precisiones sobre determinadas partidas de gastos públicos, de operaciones financieras, de contratos suscritos, de personajes que están aunque no aparezcan en una complicada trama, sus apuntes económicos. Fuentes de información que el bueno de Javier, trabajador infatigable, no solo desmenuza sino que además nos regala a quienes le seguimos.

Decía que, de vez en cuando, uno se sorprende. Cuando una noche, hace pocos meses, coincidimos Javier y yo en el plató televisivo de *Un tiempo nuevo,* en Telecinco, me comentó que estaba escribiendo un libro. ¡Bravo!, lo felicité en seguida..., sabedor del esfuerzo que supone para un profesional que a diario está al pie del cañón un reto de esas características. Luego me explicó sobre qué iba su trabajo. Volvimos a coincidir —cosa que se produce casi cada semana— y Javier me propuso prologarlo. ¡Ostras, Javier, vaya honor y responsabilidad! Conociéndole y siendo como es, ¿quién es capaz de renunciar a tal honor y a petición tan amigable?

Así que, con las manecillas del reloj corriendo, por mi culpa, como siempre, porque el libro tiene que entrar ya en máquinas, acá estoy redactando este sencillo prólogo de *¿Quién se ha llevado mi pasta?* Feliz y contento, primero, por la confianza depositada en mí por parte de Javier y, segundo, por tener la oportunidad de leer una jugosa obra que desde el punto de vista económico aporta luz, mucha luz, a tantas y tantas vicisitudes por las que atravesamos y explica lo que bien podríamos entender como la otra cara de la crisis.

Héroes y villanos. Apalancamientos y endeudamientos. «Bonus» y «malus». Políticas cortoplacistas y estrategias largoplacistas. Balances huérfanos de recursos propios. Activos inflados y superhinchados. Maniobras contables. Estrategias financieras. Rescates y compensaciones. Designaciones y adjudicaciones. Negocios y negocietes y negociazos. Vencedores y vencidos. Enriquecidos y desplumados. Siempre unos, pocos, por desgracia y porque así lo imponen los cánones de un enrevesado e incomprensible mundo carente de escrúpulos y dado a embrollar la simpleza de la economía, ganan; los demás, cómo no, perdemos. Es lo que hay, sí, por más que nos indignemos. O cambiamos el mundo tal y como hoy está concebido o en nuestras lápidas figurará el típico tópico: «aquí yace alguien que quiso cambiar el mundo». Y, por supuesto, el mundo no cambió y el tipo en cuestión falleció.

El libro de Javier aborda tres extremos cruciales para entender y saber captar el porqué de la crisis o los bajos fondos que la van engendrando.

Directivos de alto copete con mucho o poco don y que multiplican su *din*, de dinero. Entretanto, devaluaciones salariales y empleados proscritos al desempleo. Una manera, como cualquier otra, de empobrecer a un pueblo cuando la marea se va extendiendo cual mancha de petróleo en el mar y nada ni nadie lo impide.

Malabarismos de índole financiera que llevaron a reconvertir depósitos de bajo rendimiento en raros instrumentos de altísima rentabilidad. Javier lo sintetiza hablando de las preferentes, esa tomadura de pelo que consistía, por regla general, en cambiar los depósitos poco retribuidos de los modestos ahorradores en apetitosos instrumentos de capital, o de recursos propios, de entidades financieras que prometían excepcionales compensaciones. Falló el tamaño de la letra, sí, la pequeña, en efecto, la que no se lee nunca porque uno tiene que acometer el ímprobo esfuerzo de buscar las gafas en el bolsillo y ponérselas, y se traicionó la infinita confianza de clientes de toda la vida en una entidad bancaria o caja de ahorros. Fallaron los mecanismos —léase, instituciones u organismos— de control y supervisión. Fallaron las autoridades que volvieron la vista hacia otro lado. Mientras, algunos pillos se embolsaban sus buenos fajos de billetes...

Aves carroñeras transmutadas en fondos buitres. Viviendas sociales, con propietarios o inquilinos atravesando serias dificultades económicas, que acaban siendo pasto de grupos inversores en los que no caben sentimientos ni conciencias. Empresas en la cuerda floja que de pronto se encuentran con que el acreedor ya no es la entidad financiera de referencia, aquella con la que siempre se ha mantenido la relación bancaria, sino una atípica empresa del sector financiero dedicada a la reestructuración empresarial, de no sé qué raro origen. Paso previo a quedarse por poco dinero una empresa con alma, con propietarios volcados en ella y sufriendo con ella, con trabajadores fieles en trance de golpear aún más las tasas de paro.

Entidades que entraron en estado de coma financiero y sin embargo los altos directivos se repartían jugosas compensaciones económicas, reajustando sus plantillas, poniendo de patitas en la calle a cientos y miles de empleados. Empresas rajadas por el puñal de la deuda, entregadas al gasto puro y duro llevado a la parcela del derroche. Transacciones sobre negocios de difícil comprensión, pagando precios astronómicos, tildados como de valor razonable, por patrimonios de dudosa catadura. Valoraciones de empresas que bailan al son de fusiones, entrando en juegos desorbitados que sirven para alimentar a siniestros personajes que esgrimen sinergias de no sé qué endemoniado rango. Tu dinero, mi dinero. Esquilmados inocentes inversores y enriquecidos individuos sin miramientos. Empleo precario que deviene en subempleo. Crecimiento exagerado de la oferta de mano de obra por causa del paro. Demanda mínima de empleo. Las reglas del mercado del trabajo se imponen como en cualquier otro mercado: mucha oferta y poca demanda conllevan bajadas de precios, a la sazón, del factor trabajo. España se empobrece... Este es nuestro presente. ¿Cómo se escribirá nuestro futuro en un país en el que se han cometido tantas y tantas barbaridades, que siempre terminan por pasar factura a los paganos de los contribuyentes condenados al estatus de súbditos que apechugan con los antojos, caprichos y trapicheos de una ristra de personajes de nefasto perfil?

Mercados cada vez más cerrados y endogámicos. Puertas giratorias —España podría patentar el invento que cada vez se magnifica más— a pleno ritmo. Oligopolios cuando no monopolio. Cartel. Precios pactados por más libre mercado del que jactarse. Concentración de poder económico y político. Las brechas del sistema. Manipulaciones a mansalva. Oda a la transparencia en un mundo donde esta brilla por su ausencia.

Javier Ruiz de forma magistral, con su estilo llano, con fervor periodístico, con dominio absoluto de la materia, perfectamente documentado, va narrando con pluma ágil y prosa comprensible la migración del dinero porque este vuela de unos nidos a otros, desde unos parajes hacia otros, como las alegres golondrinas solo que transformadas en aves carroñeras o pájaros en plan Alfred Hitchcock.

Igual Javier, sin pretenderlo, a través de este libro está escribiendo el guion perfecto para una película de intensa trama, entre aventurera y de dibujos animados, entre fantástica y de terror, acaso más propia del western de toda la vida. Al director del filme solo una petición: que al final irrumpa el legendario Clint Eastwood y que como siempre gane y acabe con los malos.

Amable y paciente lector: le dejo ya en la buena compañía de la literatura de Javier Ruiz. Aprenderá y disfrutará aunque, no nos engañemos, en ciertos momentos se sulfurará. Tal vez piense entonces en los parecidos entre Javier Ruiz y Clint Eastwood. Dos de mis admirados personajes de referencia.

JOSÉ Mª GAY DE LIÉBANA Y SALUDAS
Académico numerario
de la Real Academia de Doctores.
Profesor titular de Economía Financiera
y Contabilidad, Universidad de Barcelona.
Doctor en Ciencias Económicas.
Doctor en Derecho.

# Introducción

Desde que comenzó la crisis en 2007 mucho se ha escrito sobre la que ya llamamos «década perdida». En ella se han perdido, efectivamente, miles de millones de inversión pública en los pilares del Estado del bienestar: se han recortado 7.267 millones de euros de inversión en sanidad, otros 4.902 en educación y 1.619 en servicios sociales, según los datos remitidos por el Gobierno de España a Bruselas. Se han perdido aproximadamente un millón y medio de empleos y millones de euros en salarios de ciudadanos que en 2015 tenían el mismo poder adquisitivo que en 1995, según los datos del Banco de España, una bajada que la Comisión Europea ha calificado de «injusta» siete años después de haberla diseñado.

Mucho se ha escrito, con mayor o menor fortuna, sobre los perdedores de la crisis. Pero mientras un sector de la población perdía su sustento, la gran recesión ha tenido también grandes beneficiados que no quieren aparecer en esa fotografía. Son nombres propios que han multiplicado sus ya abultadas fortunas, empresas concretas que se han lucrado con los aprietos ajenos y sectores específicos en los que se ha impuesto un oligopolio por el que un pequeño número de compañías se reparten el mercado y dejan a los ciudadanos indefensos, pues la falta de competencia entre las grandes corporaciones se traduce en falta de alternativas para el consumidor.

Este libro indaga en la suerte de quienes han pasado más o menos inadvertidos hasta el momento, los ganadores de la crisis. Y el balance obliga a descartar, precisamente, palabras como «suerte» porque en la mayoría de los casos los cambios en su situación económica a lo largo de estos años tienen más que ver con un diseño político y empresarial que con la mala fortuna que han vivido millones de españoles.

El título *¿Quién se ha llevado mi pasta?* es una pregunta que contiene también una conclusión: en los últimos años se ha producido una transferencia de rentas de los grupos más pobres de la sociedad a los más ricos, cuando las estrecheces económicas recomendaban justo lo contrario. Esa brecha no ha crecido en todos los países por igual, lo que implica que las políticas adoptadas han sido cruciales en el aumento de la desigualdad.

Parece que ha fallado la solidaridad social y, de hecho, España ostenta el triste honor de ser el país en el que más han aumentado las diferencias económicas entre ricos y pobres. Según la Organización para la Cooperación y el Desarrollo Económico (OCDE), entre 2006 y 2013, los ingresos de los más pobres han caído a ritmos de hasta el 14 por ciento anual, lo que significa que, a fecha de hoy, los más desfavorecidos han perdido entre un tercio y la mitad de su renta. En ningún otro estado, según la OCDE, los ingresos han bajado más del 10 por ciento y solo han perdido más del 5 por ciento México, Grecia, Irlanda, Estonia e Italia, según el informe *Divided We Stand**. Ese cálculo coincide casi en

* http://www.oecd.org/social/soc/dividedwestandwhyinequalitykeepsrising.htm

los decimales con el de la Organización Internacional del Trabajo (OIT)*, que asegura que el aumento del paro y la rebaja salarial (en la que solo Grecia ha superado a España) explican ese empobrecimiento. Mientras estos reveses golpeaban la franja inferior de la pirámide de la riqueza en España, en la parte alta las rentas más ricas apenas han sufrido bajadas del 1 por ciento. El saldo es un aumento de la desigualdad galopante, por encima del 3 por ciento, el doble que cualquier otro país analizado y que deja a los ricos todavía más ricos y a los pobres preguntándose: «¿quién se ha llevado mi pasta?».

El partidismo de quienes, en ocasiones, han aplicado políticas en las que ni siquiera creían ha envenenado el debate y propiciado acusaciones de fatalismo hacia quienes se limitan a denunciar los hechos y de populismo ante quien plantea cualquier tipo de alternativa, ya sea desde la derecha o desde la izquierda.

La conclusión obvia es que si el impacto no ha sido el mismo en todos los países, se debe a que las

* http://www.spanishreforms.com/-/ilo-global-wage-report-2014-2015

medidas adoptadas por cada uno han tenido un efecto distinto. En este libro repasaremos el impacto de dichas medidas, partiendo de una premisa: los hechos son indiscutibles y aunque cada uno tiene derecho a escoger opiniones, nadie tiene derecho a escoger la realidad. La situación económica es la que es y las cifras rara vez son discutibles. En las próximas páginas intentaremos retratar a los ganadores de una crisis cuyos perdedores ya conocemos. Entonces, y solo entonces, buscaremos responsabilidades.

# I

# Directivos de las grandes empresas: ¿quién se ha llevado mi nómina?

Estos son momentos en los que «debemos apretarnos el cinturón todos», decía el 16 de mayo de 2013 Joan Rosell, presidente de la Confederación Española de Organizaciones Empresariales (CEOE). Quien fue bautizado «patrón de patronos» representaba a más de dos millones de empresas a través de más de 4.000 asociaciones de base cuando subrayaba su última palabra, «todos», y concluía: «hay que ser sensatos». Dos años después el saldo del ajuste revela que la sensatez solo parece haberse impuesto por abajo.

En las grandes empresas solo han sido sensatas las plantillas, solo se han apretado el cinturón los trabajadores y el «todos» ha sido, en realidad, un «todos excepto» sus grandes directivos.

El análisis de las nóminas de las 35 grandes empresas del país que cotizan en el IBEX arroja un resultado incontestable: sus cúpulas cobran más y sus bases menos. Si además se analiza la calidad del empleo, los directivos han reforzado sus blindajes frente a unos trabajadores en una situación cada vez más precaria. El cinturón únicamente aprieta a algunos.

## LA DEVALUACIÓN DE SALARIOS: TEORÍA Y PRÁCTICA

La teoría que se escondía detrás de la bajada de salarios era sencilla: lo *made in Spain* debía resultar más barato para ser competitivo en el exterior, ganar cuota de mercado y generar riqueza. Lo que en otras etapas de la historia de España se hizo mediante una devaluación de la peseta que abarataba de golpe lo español, resultaba ahora imposible con un euro sobre el que Madrid no es soberano. Devaluar el euro no era una alternativa viable ni en lo político —con un Banco Central Europeo controlado por Alemania— ni en lo económico: no habría supuesto una ganancia para España frente a Francia o Italia, que verían rebajados los precios de sus productos en idéntica proporción. La ventaja que había tenido históricamente devaluar la moneda —su efecto inmediato y uniforme— se convertía, en esta crisis, en un problema.

Las autoridades europeas optaron por un «plan B» para economías como la española que, en teoría, tendría el mismo resultado: abaratar lo *made in Spain*. Para ello se dictó una rebaja salarial. Es importante subrayar el verbo «dictó» porque la caída de los salarios ha sido una decisión política. Las nóminas comenzaron a bajar en España justo después de que se aprobara una reforma laboral propugnada por la Comisión Europea que permitía precisamente eso, rebajar salarios cuando las «necesidades de la producción» así lo requirieran.

Aparte de los riesgos morales inherentes a esta formulación —podía haber quienes utilizasen la nueva normativa como justificación para aumentar su margen de beneficios y pagar salarios más bajos sin rebajar los precios—, el efecto fue, como se esperaba, inmediato. Pero, al contrario de lo que habría ocurrido con una devaluación de la moneda, no fue ni mucho menos uniforme.

Mucho se ha escrito sobre la devaluación salarial y los perdedores de la misma, hasta el punto de que nadie discute ya ni la caída de salarios ni el aumento de márgenes de beneficio de las empresas no financieras, algo que el Banco de España ha recogido en sus boletines periódicos. Esa tendencia continúa a día de hoy, cuando los políticos se afanan por dar por concluida la crisis, y es motivo de alarma el hecho de que la recuperación de beneficios no venga acompañada de una recuperación salarial.

Pero si los trabajadores y asalariados han sido los perdedores, ¿quiénes son los ganadores? Fundamentalmente dos: los dueños de las empresas, es decir, los accionistas, y unos empleados algo especiales: aquellos que fijan sus propios salarios y condiciones laborales, es decir, los altos directivos.

La remuneración del conjunto de directivos en 2013, el último año con las cuentas íntegras presentadas, subió un 3,5 por ciento, hasta sumar 341,9 millones de euros, dejando un salario medio de 789.721 euros frente a los 768.105 del año anterior, lo que

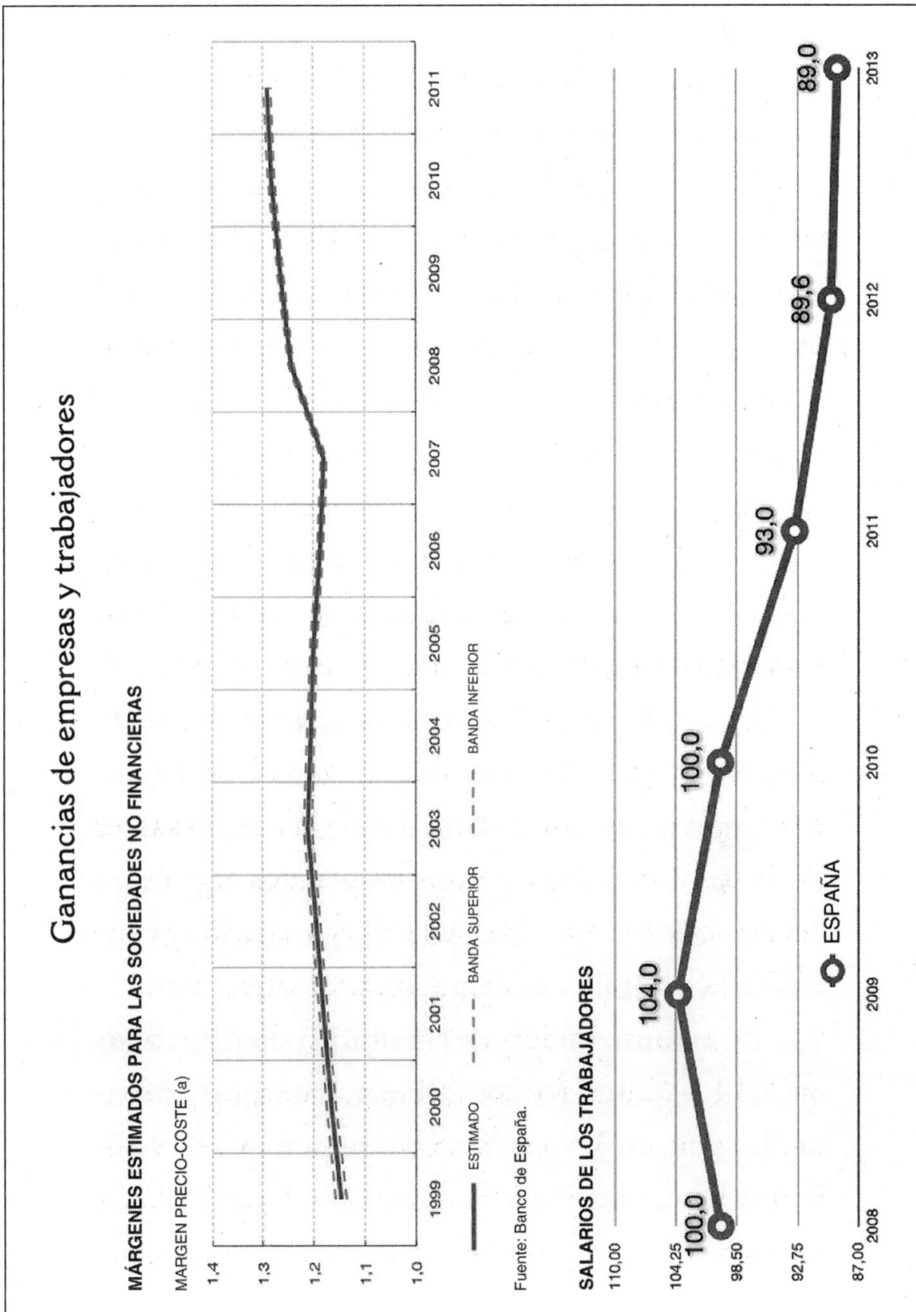
Ganancias de empresas y trabajadores
MÁRGENES ESTIMADOS PARA LAS SOCIEDADES NO FINANCIERAS
MARGEN PRECIO-COSTE (a)
1,4
1,3
1,2
1,1
1,0
1999
2000
2001
2002
2003
2004
2005
2006
2007
2008
2009
2010
2011
ESTIMADO
BANDA SUPERIOR
BANDA INFERIOR
Fuente: Banco de España.
SALARIOS DE LOS TRABAJADORES
110,00
104,25
98,50
92,75
87,00
2008
2009
2010
2011
2012
2013
100,0
104,0
100,0
93,0
89,6
89,0
ESPAÑA

supone una subida media del 2,8 por ciento o 21.616 euros anuales más, según los datos presentados por las propias compañías a la Comisión Nacional del Mercado de Valores (CNMV) y recopilados por Comisiones Obreras (CC OO) en su informe «IBEX 35: Evolución de sus empresas»* que se publica anualmente.

## SENSATEZ: ¿PARA QUIÉN?

Si retrocedemos al inicio de la crisis para tener una perspectiva más amplia, veremos que el salario de las juntas directivas de las empresas ha subido un 22,9 por ciento desde 2007, mientras los beneficios han caído un 13,9 por ciento. Así las cosas, los sueldos de los directivos empresariales se comen un 1,2 por ciento de los beneficios, el doble que cuando la patronal hizo su llamamiento a la sensatez.

La «sensatez» que reclamaba la patronal de las grandes empresas ha sido aplicada de manera dispar

* http://www.ccoo.es/comunes/recursos/1/1881672-Informe_Empresas_del_IBEX_35.pdf

en las diferentes compañías. Pero, curiosamente, quienes más subidas de salarios han percibido son quienes tienen capacidad de dictarlos y quienes más arriba están en la pirámide corporativa. Así, los consejeros delegados —conocidos por el acrónimo inglés CEO, *Chief Executive Officer*— han visto cómo sus sueldos subían un 6 por ciento de media con algunos casos realmente espectaculares. El salario mínimo para los consejeros o presidentes de empresas del IBEX en España ha quedado en 2.530.802 euros anuales.

La mayor subida porcentual se la ha aplicado a sí mismo el presidente del Banco Popular, cuyo sueldo ha subido un 201,8 por ciento, hasta alcanzar la cifra de 1.223.667 euros, muy lejos todavía de competidores como Ana Patricia Botín, del Banco Santander, con un sueldo de 6,3 millones de euros, o Francisco González, del BBVA, con una nómina de 5,1 millones. Si en lugar de medir en porcentaje hacemos la medición en euros, la mayor subida ha sido para la antigua Iberia, cuyo consejero delegado ha recibido una subida de sueldo de 2.270.583 euros, es decir, del 62,9 por ciento.

Si se toman como referencia los consejeros que cobran más de 5 millones de euros, se comprueba que solo tres de ellos han aplicado la «sensatez» que exigía para «todos» la patronal: Pablo Isla, César Alierta y Antoni Brufau.

## Tabla 1

| EMPRESA | CONSEJERO | PAGO 2013 | INCREMENTO | % SUBIDA / 2012 |
|---|---|---|---|---|
| Inditex | Pablo Isla | 7.975.000 | –130.000 | –1,60 % |
| Iberdrola | José Ignacio Sánchez Galán | 7.443.000 | 860.000 | 13,10 % |
| Telefónica | César Alierta | 6.829.000 | –543.000 | –7,40 % |
| Santander | Javier Marín | 6.347.000 | 0 | 0 % |
| Santander | Ana Patricia Botín | 6.283.000 | 1.143.000 | 22 % |
| ACS | Florentino Pérez | 5.924.000 | 129.000 | 2,20 % |
| IAG | William Walsh | 5.861.000 | 4.527.000 | 339,40 % |
| Telefónica | José María Álvarez | 5.501.000 | 2.469.000 | 81,40 % |
| Repsol | Antoni Brufau | 5.400.000 | –2.233.000 | –29,30 % |
| Ferrovial | Íñigo Meirás | 5.389.000 | 2.411.000 | 81,40 % |
| Ferrovial | Rafael del Pino | 5.344.000 | 1.679.000 | 45,80 % |
| BBVA | Francisco González | 5.167.000 | 49.000 | 1 % |
| MEDIA | | | 863.417 | 45,67 % |

La Comisión Europea ha hecho examen de conciencia en su último documento de análisis sobre los salarios en España titulado «Ajuste salarial en España. ¿Lento, ineficiente e injusto?»*, respondiendo afirmativamente a cada una de esas tres preguntas y dejando constancia escrita de una realidad palmaria: que los contratos blindados de los altos cargos frenan el ajuste por arriba. Así, el documento apunta que «factores que no tienen relación con el desempeño del trabajo, como la antigüedad, pueden haber influido en la decisión de las compañías sobre a qué empleados despedir».

Tras años de aplicación de esas políticas, la conclusión del director general de la Comisión Europea para el análisis económico y financiero es la siguiente: «El proceso de ajuste que empezó en España en el año 2010 ha sido lento, ineficiente y ha castigado de forma desproporcionadamente dura a los trabajadores temporales». O lo que es lo mismo, los más débiles han sufrido más y los más

* http://ec.europa.eu/economy_finance/publications/country_focus/2014/pdf/cf_vol11_issue10_en.pdf

fuertes han contribuido menos. Los cálculos de la Comisión Europea apuntan a que, en concreto entre 2008 y 2013, la caída salarial para trabajadores eventuales ha llegado al 20 por ciento, mientras que la de los contratos fijos ha superado el 5 por ciento. Quienes han tenido contratos blindados no solo no han registrado caída alguna, sino que han recibido subidas salariales en el periodo mencionado.

## REMEDIO INEFECTIVO

Los doctores económicos que recetaron el tratamiento admiten no solo que ha fracasado, sino que ha sido «ineficiente» y «desproporcionadamente injusto» con los trabajadores temporales, es decir, con aquellos más débiles y por los que el Estado debía velar más. La conclusión de la Comisión Europea es la siguiente: «Proporcionamos evidencias de que el tamaño del ajuste ha sido hasta tres veces mayor para los empleados con contratos fijos que para los empleados con contratos temporales. Esto es difícilmente sorprendente si consideramos la posibilidad de renegociar salarios al final de cada periodo de contratación. También sugiere que los trabajadores temporales han sido penalizados dos veces: primero, al ser expuestos a un mayor riesgo de despido y, segundo, con un ajuste de salarios más estricto».

## Salarios medios por tipo de contrato

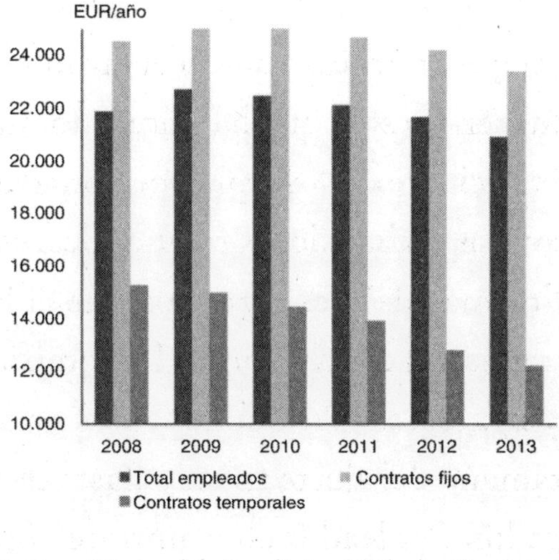


Fuente: Instituto Nacional de Estadística / Cálculos Comisión Europea.

## Catalunya Banc: Cómo negociar tu propio salvavidas en pleno hundimiento

En 2014 el Estado perdió 11.839 millones de euros con la venta de la antigua Caixa Catalunya. BBVA se quedó con la caja por algo más de 600 millones de euros. La etiqueta del precio marcaba una cifra mayor, en concreto 1.187 millones, pero la entidad tenía créditos fiscales con Hacienda, es decir, dinero que Hacienda debía devolver a la caja, que rebajaban la factura casi un 50 por ciento. El resultado fue un rescate ruinoso, una lamentable operación de venta en la que el comprador apenas pagaba una décima parte del agujero total cubierto con fondos públicos y un ejemplo más de quién pierde y quién gana en las grandes operaciones financieras.

Más adelante veremos qué compañías y sectores han salido ganando en esta crisis. De momento y en lo que se refiere a los empleados, Caixa Catalunya liquidó a 2.395 trabajadores el 9 de noviembre de 2013 como parte del saneamiento del que sería un nuevo banco. Se pagaron 30 días y 22 mensualidades más primas de hasta 20.000 euros a quienes aceptaran una salida que hiciera viable la nueva marca: CatalunyaCaixa.

Pero mientras eso ocurría en los estratos inferiores de la entidad, su presidente y vicepresidente negociaban subidas de sueldos para sí mismos en mitad del hundimiento y defendían una integración millonaria dentro del consejo de administración del BBVA. Así lo relata la fiscalía anticorrupción, que acusa a los responsables de la entidad de aprobar «retribuciones e indemnizaciones para altos directivos que fueron desproporcionadas y ajenas a la real situación de la caja, y que se adoptaron, además, en un entorno de grave crisis económica». A partir de 2007, y en pleno desguace de la caja de ahorros, Narcís Serra aprobó para sí mismo un salario como presidente no ejecutivo que le permitiría recibir en cuatro años alrededor de un millón de euros. Su número dos, Jaume Todó, proveniente de Caixa Manresa, se fijó una pensión de jubilación cercana a los 4 millones de euros, y Jaume Masana, su número tres, de 1,5 millones por su trayectoria en la entidad.

Una vez más, los destinos de quienes han sufrido la crisis y la de quienes la han gobernado han sido radicalmente diferentes.

## CONTRATACIONES Y DESPIDOS: DOBLE RASERO

En un momento en que tener trabajo es casi más importante que el salario que se percibe por él, la nómina no es la única diferencia entre los mortales sometidos a la nueva ley y los dioses corporativos que dictan y se aplican sus propias normas. La otra gran diferencia reside en la cantidad de contratos y despidos que se han firmado a ambos lados del abismo.

No es ocioso recordar de nuevo las cifras de los perdedores. La tasa de paro en España ha rebasado el 25,7 por ciento, lo que significa que más de 1,5 millones de trabajadores se han quedado sin empleo durante la gran recesión y aunque en la actualidad ronda el 23 por ciento, ningún organismo internacional prevé que baje del 20 por ciento en los próximos tres años. La Comisión Europea todavía augura una tasa de desempleo del 20,7 por ciento el año que viene y la OCDE predice un 21,9 por ciento. Si miramos a las 35 empresas que constituyen el retrato del mercado en España, el recorte medio de sus plantillas ha sido de un 8,2 por ciento. Solo esas grandes empresas han despedido a un total de 121.022 empleados.

De nuevo, en un momento en que el esfuerzo se reclamaba a «todos», ese recorte debería haber sido uniforme y tendría que haberse notado también en las llamadas «plantas nobles» de las grandes compañías. Directivos, consejeros y presidentes deberían haber hecho el mismo sacrificio que sus trabajadores. Pero tampoco a la hora de hablar de contratos ha sido así.

Frente a los 121.022 despidos entre las plantillas, los consejos de administración han perdido únicamente a cinco miembros (un 1,06 por ciento del total). Estar bien situado antes de la crisis ha sido garantía de no salir mal parado de la misma. Por cierto, en este terreno, como en tantos otros, «ganador» es una palabra con género masculino: de los 421 consejeros que suman las grandes compañías españolas, 354 son hombres y solo 67 son mujeres, pese a que las normas de igualdad de género aprobadas en 2009 establecían 2015 como el año para el compromiso de paridad.

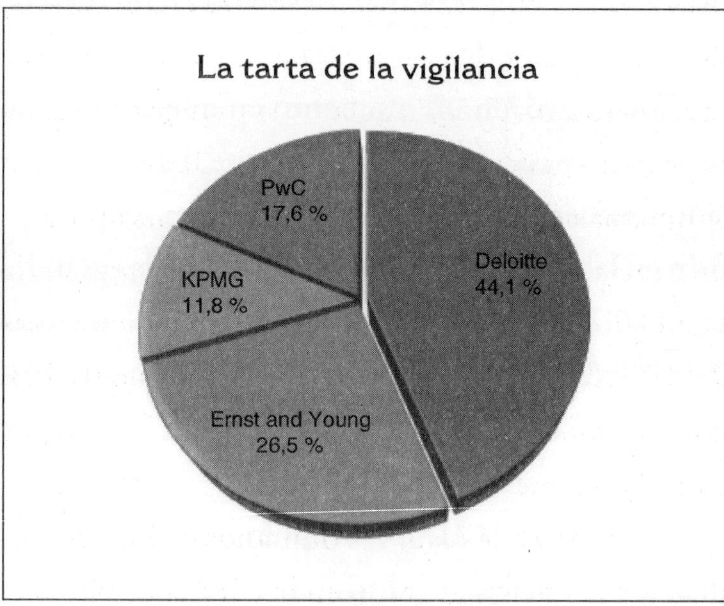

La propuesta para mejorar la vigilancia de esas prácticas ha sido cambiar de vigilantes. El Gobierno ha aprobado una nueva «ley de auditorías» con la que obliga a las grandes empresas a rotar de auditor cada diez años. Más allá de la obviedad de que las auditoras no suelen cuestionar las políticas de contratación o despidos, el plazo otorgado para esa rotación (hasta una década) es tan amplio que prácticamente garantiza una continuidad de la situación actual, en la que una empresa auditora puede cubrir todo un ciclo económico sin denunciar irregularidades en las compañías que vigila. Pero el cambio de auditor tampoco garantiza la entrada de nuevos jugadores que puedan aclarar si esas prácticas de personal encierran o no irregularidades. Cuatro compañías se reparten el negocio de la auditoría en una tarta conocida como la de las *big four* y en la que Deloitte tiene el 44 por ciento de las empresas del IBEX; Ernst and Young, un 27 por ciento; PricewaterhouseCoopers, un 18, y KPMG, el 12 por ciento restante.

La gestión de recursos humanos que ha definido los años de crisis tanto en la cúpula como en la base de las empresas no cambiarán, por tanto, durante los años de la recuperación.

## Dos reformas laborales: la propia y la ajena

El 10 de febrero de 2012 el Consejo de Ministros aprobó a toda velocidad el Real Decreto Ley 3/2012 «de medidas urgentes para la reforma del mercado laboral». El texto que articulaba esa reforma laboral marcaba como objetivos «facilitar la contratación, con especial atención a los jóvenes y a los parados de larga duración, potenciar los contratos indefinidos frente a los temporales y que el despido sea el último recurso de las empresas en crisis». Un millón y medio de despidos más tarde, con un paro juvenil que ronda el 54 por ciento y con una estructura de contratación por la que —según datos del propio Ministerio de Trabajo— más del 90 por ciento de los contratos que se firman son temporales, la reforma laboral parece haber fracasado en todos y cada uno de los objetivos que perseguía, entre ellos «acabar con la rigidez del mercado de trabajo y sentar las bases para crear empleo estable».

Sin embargo, esa es solo la conclusión de la reforma laboral de los perdedores de la crisis. Para los ganadores de la recesión, el empleo no solo es estable, además está literalmente blindado. La cifra es sorprendente: los contratos blindados de ejecutivos y directivos se han cuadruplicado en un solo año hasta experimentar una subida del —atención— 315,9 por ciento. Si a principios de 2013 el número de contratos blindados ascendía a 214, al comienzo de 2014 era de 890.

El aumento es tan espectacular que ya hay más blindajes que cargos y algunos de los semidioses empresariales cuentan con más de una salvaguardia en sus relaciones laborales. La tasa de cobertura (el resultado de dividir el número de directivos por el número de blindajes) es de un 174,5 por ciento, es decir, que cada alto directivo del IBEX cuenta con al menos dos blindajes en su contrato.

El motivo —argumenta Carlos Bravo, responsable del estudio— es que «las empresas están ampliando los contratos blindados a un segundo nivel de directivos que no tienen dependencia directa del consejo». La consecuencia práctica es que en las empresas se empiezan a crear dos regímenes laborales o, literalmente, castas tal y como las define la Real Academia Española: una intocable en la que cualquier modificación a la baja o despido resulta prácticamente imposible y otra extremadamente flexible para la que debería ser fácil entrar pero para la que, sobre todo, es muy fácil salir.

## Tabla 2

| EMPRESA | BLINDAJES 2013 | BLINDAJES 2012 |
|---|---|---|
| Repsol | 296 | 13 |
| Grifols | 94 | 18 |
| BBVA | 90 | 13 |
| Iberdrola | 64 | 8 |
| Caixabank | 57 | 12 |
| Telefónica | 55 | 10 |
| Gas Natural | 26 | 12 |

| EMPRESA | BLINDAJES 2013 | BLINDAJES 2012 |
|---|---|---|
| Sabadell | 25 | 8 |
| Santander | 24 | 2 |
| Gamesa | 23 | 7 |
| Indra | 19 | 8 |
| Mediaset | 14 | 5 |
| IAG | 13 | 8 |
| Inditex | 12 | 12 |
| Enagas | 11 | 9 |
| Mapfre | No publica información | 9 |
| BME | 8 | 8 |
| ACS | 6 | 6 |
| Amadeus | 6 | 6 |
| Acciona | 5 | 6 |
| Bankia | 5 | 5 |
| FCC | 4 | 7 |
| Sacyr | 4 | 2 |
| Abertis | 3 | 3 |
| Jazztel | 3 | 3 |
| Red Eléctrica | 3 | 2 |

| EMPRESA | BLINDAJES 2013 | BLINDAJES 2012 |
| --- | --- | --- |
| Técnicas Reunidas | 3 | 5 |
| Viscofan | 3 | 2 |
| DIA | 2 | 2 |
| Ebro Foods | 2 | 2 |
| Ferrovial | 1 | 1 |
| Banco Popular | 0 | 0 |
| Bankinter | 0 | 0 |
| OHL | 0 | 0 |
| **MEDIA** | **26,70** | **6,29** |
| **TOTAL** | **881** | **214** |

Los nombres propios que más se han beneficiado de su reforma laboral particular han sido Repsol, donde pese a tener tres directivos menos en su cúpula, el número de blindajes ha sumado 283.

La flexibilidad tampoco ha calado en la mayoría de directivos ni grandes empresas del IBEX que, en plena crisis, se han reforzado en sus puestos. Las compañías que antes contaban con seis blindajes por marca ahora tienen más de 26, con casos especialmente llamativos como el de Mapfre, que ni siquiera ha hecho público cómo queda su estructura empresarial, pese a las reclamaciones de transparencia y las apelaciones a las buenas prácticas.

El resultado es evidente: ha habido dos reformas laborales y no todos las han vivido igual. Mientras la mayoría de los españoles quedaban regulados por la obligación de «flexibilidad» contenida en el Real Decreto Ley del 10 de febrero y veía rebajadas sus indemnizaciones por despido de 45 a 33 días por año trabajado, los contratos realmente caros se hacían todavía más costosos de rescindir.

La flexibilidad tampoco ha sido para todos y la crisis deja como resultado unas cúpulas empresariales más rígidas de lo que ya eran en el pasado, con escándalos como el de Bancaja, donde un solo ejecutivo fichado por un plazo de ocho meses reclamó a la entidad 13,8 millones de euros en concepto de blindaje mientras esta despedía a 4.000 empleados sometidos a las nuevas normas laborales.

## El blindaje: 14 millones de euros por ocho meses de trabajo

El 25 de febrero de 2011 Bancaja —una entidad ya en quiebra— aprobó un blindaje especial. El consejo de administración de la caja valenciana sacaba adelante la contratación como director financiero de Aurelio Izquierdo, que se reincorporaba a la entidad tras haberla abandonado en el pasado. El nombramiento que promovía José Luis Olivas, presidente del banco, había sido ya abortado el 18 de enero anterior tras conocerse que cobraría 240.000 euros anuales por una única función: pagar el dividendo, ya que el resto de funciones financieras correspondían a BFA Bankia, la matriz que había absorbido a Bancaja. Tras una rebaja de salario a *solo* 200.000 euros anuales —100.000 fijos y otros 100.000 en concepto de complementos variables—, Aurelio Izquierdo se integraba en la entidad pese a los tres votos en contra de miembros díscolos del consejo de administración.

Tras apenas ocho meses de trabajo, el 13 de octubre, Aurelio Izquierdo era cesado de la entidad y reclamaba su blindaje: una indemnización de 13,8 millones de euros, según detallaba Bankia en una nota a la CNMV: «Bancaja tiene asumidos los siguientes compromisos con una persona que durante el año 2011 formó parte de la alta dirección del banco y que causó baja en el mismo el 13 de octubre de 2011: 7.633.000 euros en una póliza de aportación definida, que cubre la contingencia de jubilación, fallecimiento e invalidez, y 6.285.000 en un seguro de ahorro individual de aportación definida para cubrir la opción de que, bajo determinadas circunstancias, dicha persona optase por la prejubilación».

El Gobierno anunció medidas para evitarlo y el nuevo equipo del banco se negó a aceptar lo que definía como «compromisos de Bancaja». Se anunció que esa indemnización no se pagaría tras el escándalo provocado por semejante póliza, pero el mero intento de cobro hacía patente el doble rasero para la cúpula y para los trabajadores de base, que terminarían percibiendo indemnizaciones nada equivalentes de entre 18,5 y 21,5 pagas, consideradas entonces «generosas».

## LAS PENSIONES Y LOS PLANES DE PENSIONES

El 2 de septiembre de 2012 la ministra de Trabajo Fátima Báñez presentó un nuevo sistema para calcular la subida de las pensiones. El objetivo era evitar un titular acusando al Partido Popular (PP) de bajar las pensiones y se optó por una fórmula que permitía subirlas, aunque en menor medida que los precios. En la práctica, las pensiones perderían poder adquisitivo, pero políticamente se podía seguir hablando de subidas, eso sí, del 0,25 por ciento. Cuando alguien tortura las estadísticas, estas acaban confesando lo que haga falta. El Gobierno las retorció hasta el punto de hablar de «subida de pensiones» mientras anunciaba simultáneamente un «ahorro para las arcas públicas de 33.000 millones de euros», es decir, el Ejecutivo intentaba hacer creer que iba a pagar más, aunque la medida iba a costar menos.

Para el común de los ciudadanos, el índice de revalorización de las pensiones (IRP) planteaba el siguiente sistema matemático: tener en cuenta tanto la inflación como los ingresos y gastos cada año y el déficit o superávit del propio sistema de la Seguridad Social tomando como referencia las medidas de 11 ejercicios para modular los datos y evitar cambios bruscos en el sistema. En la práctica y de forma mucho más simple, se creaba un techo del índice de precios al consumo (IPC) más el 0,25 por ciento, de modo que las pensiones no puedan subir nunca por encima de ese valor.

De nuevo, ajustes para los perdedores de la crisis, aquellos que no han conseguido sortear la ola de los recortes. Pero volviendo al tema que nos ocupa, el análisis de cómo han sido las pensiones de los ganadores de la crisis ofrece un duro contraste: mientras los gastos en personal generales caían, los planes de pensiones de las grandes empresas aumentaban un 7,7 por ciento.

Solo por poner algunos nombres sobre la mesa, Telefónica suma planes de pensiones para sus altos empleados por valor de 2.884 millones; Endesa, unos 2.670 millones; e Iberdrola, 1.053 millones de euros.

El resultado es que lo que debía ser un ajuste para todos se ha convertido en una desigualdad creciente para algunos. «En España, la creciente desigualdad entre 2006 y 2010 es el resultado de una caída de salarios en términos reales [...] también los ingresos de los autónomos y autoempleados y de los pensionistas han caído», concluye la Organización Internacional del Trabajo (OIT) en un resumen desolador.

El gasto social por habitante en España, que a comienzos de la crisis llegó a acariciar la media europea, ha terminado por desplomarse. El gasto, según refleja Fidel Ferreras en el estudio «¿Quién pone los límites en Europa a los sistemas públicos de pensiones y a los Estados de bienestar?», ha caído casi un 10 por ciento, lo que en castellano significa que el dinero destinado a proteger a quienes más lo necesitan ha menguado, mientras que

Evolución del PIB por habitante en España en relación con la media de la UE 28: 100 % (promedio de la eurozona: 108 %)

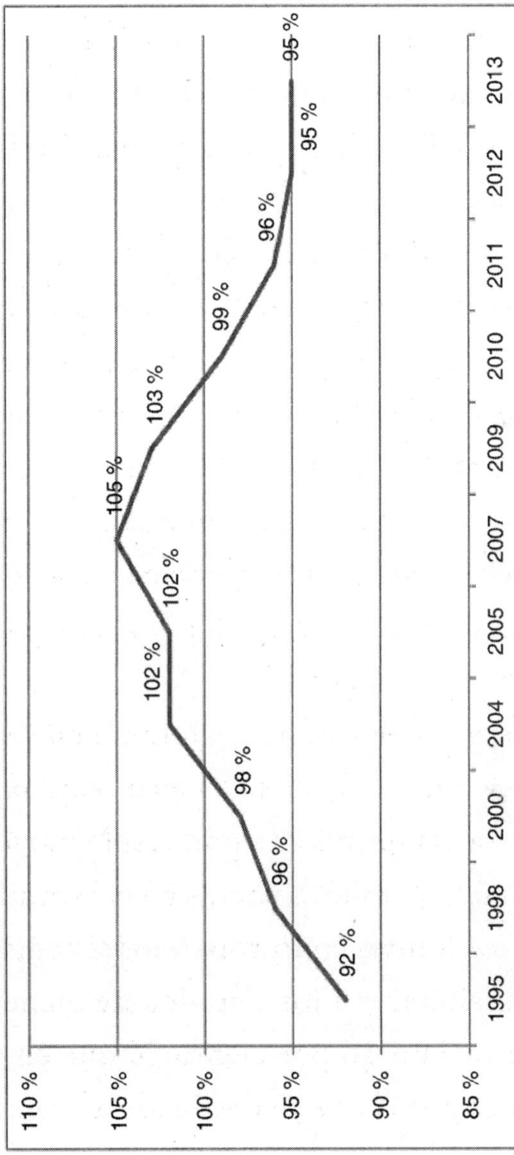


Fuente: Estadísticas de EUROSTAT-Bruselas 2014.

la riqueza de los sectores más pudientes ha aumentado.

El saldo es un incremento de la desigualdad. Y eso solo en el ámbito de las empresas, las nóminas y las pensiones, pues ha habido más.

II

# La estafa de las preferentes: ¿quién se ha llevado mis ahorros?

Los apuros financieros de la banca se han solucionado metiendo la mano en el bolsillo de los contribuyentes —que serán quienes paguen con sus impuestos el rescate bancario por parte de la Unión Europea— y en el de sus clientes, que han ayudado a reflotar las entidades con ahorros desviados de sus cuentas a productos como las participaciones preferentes. No hay otra forma de explicar lo que ha sucedido: quienes tenían dinero en sus cuentas (los ahorradores) lo entregaron a quienes necesitaban tenerlo en sus activos (los bancos).

Esa «transferencia» de dinero se hizo colocando los fondos privados de 710.000 familias ahorradoras en productos pensados para corporaciones y amantes del riesgo. Eran las llamadas «participaciones preferentes». La definición del producto era clara: un instrumento financiero complejo sin liquidez inmediata y no cubierto por el Fondo de Garantía de Depósitos sobre el que no había ningún compromiso de recompra por parte de los bancos emisores. Prometían una rentabilidad más alta que los productos a plazo fijo, pero la letra pequeña aclaraba que solo mientras los bancos ganaran dinero. En la mayoría de los casos, además, no tenían una fecha de amortización prevista, es decir, eran de carácter «perpetuo».

Que los preferentistas han sido los grandes perdedores del salvamento bancario ha sido escrito hasta la saciedad y la situación de las miles de personas que todavía no han recuperado sus ahorros es una prueba más de quiénes y cómo han pagado esta crisis. Pero resulta todavía más escandaloso comprobar quién ha salido ganando con las preferentes. Sí, también esta operación ha tenido ganadores: por una parte, los bancos que cometieron las estafas han ganado por duplicado y, por otra, el Estado, que se ha presentado como árbitro y que debía garantizar la protección de los inversores indefensos. Unos y otro se han repartido un botín de más de 12.000 millones de euros. Hay un tercer ganador, menor en comparación, pero que también se ha hecho con más de 24 millones de euros: las empresas consultoras que han ejercido el arbitraje. Ellos son los vencedores del rescate bancario.

## SIEMPRE GANA LA BANCA

La victoria de los bancos con las preferentes resulta obscenamente obvia: las entidades que tenían apuros en sus balances consiguieron, en momentos de debilidad financiera a partir de 2007, reforzar su solvencia con más de 15.000 millones de euros. Los ahorros de sus clientes se convertían con la firma de un contrato en lo que el argot bancario denomina «recursos propios». El objetivo de vender esas participaciones era exactamente ese: captar dinero líquido con el que reforzar la imagen de solvencia en un momento crítico en el que ya comenzaban a hacer aguas las cuentas de resultados de algunos banqueros que lo habían apostado todo al ladrillo.

El calendario de venta es la principal prueba de cargo contra los bancos. El BBVA fue el primer emisor de un producto con esa denominación en diciembre de 1998 por valor de 700 millones de euros por los que pagaba un dividendo del 6,24 por ciento. A partir de ese momento los bancos recurrieron en casos muy excepcionales a financiarse por esa vía, hasta que el 22 de noviembre se aprobó la Ley 44/2002, que —curiosamente— firmó el propio Mariano Rajoy como presidente del Gobierno en funciones. El problema con la firma de Rajoy exigiría años más tarde una solución por su parte, ya como presidente electo. Sin embargo, cuando apareció, el producto no dio lugar a una explosión de preferentistas. Muy al contrario. Hasta el 2006 solo hubo 69 emisiones de preferentes* y el volumen medio —de unos 2.000 millones de euros— se secó cuando la CNMV exigió con una carta de 10 de

* Lamothe Fernández, Prosper y Pérez Somalo, Miguel, «Las participaciones preferentes», *Estrategia Financiera* núm. 303. Wolters Kluwer, España, 2013.

junio de 2005 que los bancos justificaran con dos informes de valoración las condiciones de mercado del producto. Así pues, las entidades recurrieron a ese instrumento con mucha moderación a la hora de captar capital prácticamente hasta que les llegó la crisis. Si los bancos hubieran tratado el producto con normalidad, su venta habría sido sostenida y progresiva durante años. Pero no fue así.

La venta masiva no se disparó hasta que los bancos registraron problemas en sus balances, en especial a partir de 2009. Desde la explosión de la burbuja y entre 2009 y 2010 se captaron hasta 15.700 millones de euros de ahorros para acciones preferentes. Fueron, pues, los apuros de la banca y sus crisis de liquidez los que provocaron que la venta de ese producto financiero se disparara un 66 por ciento.

Es un hecho que los bancos se beneficiaron de la credulidad de sus clientes, si bien no todas las entidades son culpables en igual medida, puesto que no todas recurrieron a ese instrumento de la misma manera. Además, los datos del último informe del Defensor del Pueblo sobre las participaciones

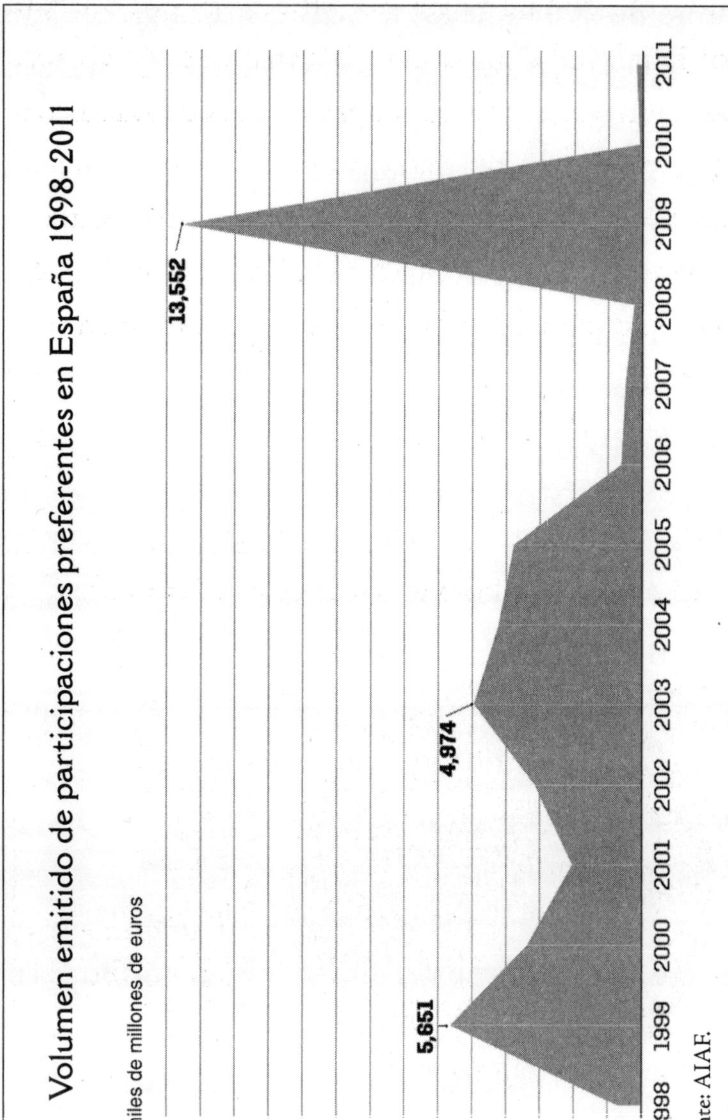
Volumen emitido de participaciones preferentes en España 1998-2011
En miles de millones de euros
14
13
12
11
10
9
8
7
6
5
4
3
2
1
0
1998
1999
2000
2001
2002
2003
2004
2005
2006
2007
2008
2009
2010
2011
5,651
4,974
13,552
Fuente: AIAF.

muestran que no todos los bancos se beneficiaron por igual: hubo algunos más ganadores que otros. Del total de 22.374 millones de euros de saldo vivo a principios de 2014, un 30 por ciento le correspondió a Banca Cívica, un 16 por ciento a CaixaBank, un 13 por ciento más a Bankia, un 11 por ciento adicional al BBVA y casi un 6 por ciento al Santander.

**El reparto de las participaciones preferentes**

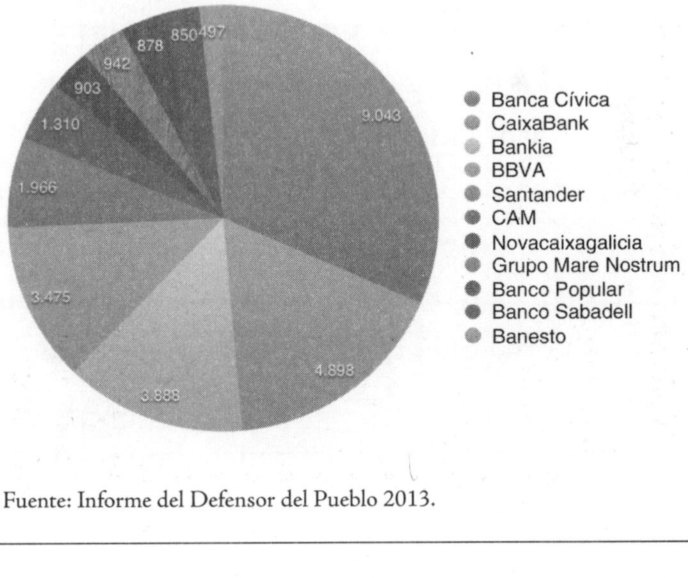


Fuente: Informe del Defensor del Pueblo 2013.

## SOLUCIÓN DOBLEMENTE GANADORA PARA LA BANCA

Curiosamente, los bancos han ganado dos veces con las preferentes, primero cuando generaron el problema y después cuando plantearon una solución, que se saldó con una mayor solvencia bancaria en lugar de en mayores compensaciones a los inversores.

El asunto puede parecer técnico, pero no lo es. Desde el 1 de enero de 2013 los bancos pasaron a estar regulados por una nueva normativa contable conocida como Basilea III. Según esta, lo que antes eran activos de máxima calidad y que otorgaban solvencia a los bancos —las acciones preferentes y la deuda subordinada— dejaban de serlo. Para los bancos, tener ese producto en sus libros ya no equivalía a tener dinero líquido o deuda. Así que se ofrecieron a cambiar a sus clientes las preferentes por productos que, también casualmente, sí son considerados activos de máxima solvencia a la hora de hacer la contabilidad del banco: bonos convertibles en acciones (los llamados CoCos por su denominación en inglés, *Contingent Convertibles*), acciones ordinarias o deuda a plazo fijo. El resultado dejó mejor a los bancos que habían incurrido en potenciales fraudes que a sus clientes estafados.

De nuevo, con la solución aprobada por el Gobierno hay también bancos más ganadores que otros. Por entidades, según el análisis de la comisión de seguimiento de productos híbridos, el reparto es desigual:

- En el caso de Bankia, la entidad ha sido la más generosa y el 76 por ciento de las preferentes que comercializó están siendo declaradas irregulares y anuladas por los árbitros. Sin embargo, de los 4.020 millones reclamados, Bankia apenas devolverá el 55 por ciento. Dicho de otra manera: en total, los clientes del banco aportan más de 2.000 millones por rescatar a la entidad que les arrebató su dinero. Bankia subraya que el número de inversores compensados es «mayor de lo previsto».
- Para Novacaixagalicia Banco la victoria es casi plena: la entidad apenas ha devuelto el 34 por

ciento del dinero que se le reclamaba, pese a que asegura que ha atendido 6 de cada 10 reclamaciones recibidas. En total, el banco gallego devuelve 496 millones de euros, pero sus ahorradores tienen que pagar más de 1.100 por rescatar a la entidad que presuntamente les estafó.

- Pero la gran ganadora ha sido Catalunya Banc, donde la derrama para los preferentistas es casi total. Los árbitros de Ernst and Young solo han estimado el 25 por ciento de las reclamaciones, rechazado un 67 por ciento y dejado el resto pendiente de decisión. En total se devolverán 440 millones. El dinero que se esfumó con la venta de las preferentes se disuelve ahora con el sistema de arbitraje en una segunda victoria para la entidad.

Del resto de demandas, en otras entidades, los 1.271 millones que se pedían se han resuelto con la devolución de 147 millones. Dicho de otra manera, casi 9 de cada 10 euros se quedan en las arcas de los bancos. La estructura no solo recoge porcentajes mayores que los de ningún otro país. Es, además, especialmente onerosa —concluye la Fundación de Cajas de Ahorros, Funcas, en un estudio específico sobre el asunto— «muy particularmente por sus características, ya que afecta [...] de forma mayoritaria a inversores minoristas clientes de las entidades». Una vez más se cumple la máxima de que siempre gana la banca, en ocasiones, hasta dos veces.

## El podio de la vergüenza: las tres estafas más sangrantes

Han sido los tribunales los que han puesto de manifiesto algunos de los casos más sangrantes. El podio de la vergüenza lo ocupan sentencias que, en determinados casos, despiertan una sonrisa de asombro e indignación ante lo descarnado de algunos abusos.

*Firma con alzhéimer.* En febrero de 2013 un tribunal condenó a Caixa Laietana y a Bankia, en la que se integró, a devolver 36.000 euros a un matrimonio al que se habían vendido esas participaciones pese a que el marido ya presentaba «un estado de alzhéimer diagnosticado y avanzado desde 2004», según la resolución judicial. El caso resultó especialmente escandaloso a ojos del tribunal porque lo avanzado de la enfermedad degenerativa del hombre era tan evidente que la directora de la sucursal lo había sacado del despacho mientras se firmaban los contratos para los que —según la sentencia— «no se dio a la mujer tiempo a reflexionar».

*Contratos sin firma*. La medalla de plata de la indignación la ocupan los contratos sin rúbrica del cliente. El Juzgado de Primera Instancia número 27 de Valencia también condenó a Bankia por una contratación de participaciones preferentes que la ahorradora ni siquiera era consciente de haber firmado. En total, la sentencia obligaba al banco a devolver a una mujer de 82 años, viuda, con discapacidades motoras y auditivas y una pensión de 550 euros mensuales los 30.000 euros obtenidos gracias a la venta de su piso. La sentencia resalta que el contrato de ese producto se hizo «sin conocimientos financieros ni de contratación bancaria» y asegurando al cliente que firmaba un plazo fijo y que el dinero «estaba garantizado». La sentencia remacha: «no es razonable que una persona de su edad y con un perfil minorista se decida por sí misma y libremente a adquirir un producto que supone asumir inversiones de riesgo máximo y menos con un vencimiento a largo plazo».

*Ni la directora del banco entiende lo que vende*. El máximo escalón del podio lo ocupa, sin duda, la sentencia dictada por el Juzgado de Primera Instancia número 3 de Girona, que condenó a Caixa Laietana y a su matriz Bankia a devolver 28.565 euros a un jubilado de 78 años porque ni siquiera la directora de su sucursal entendía lo que le había vendido. El fallo pone de manifiesto lo grotesco de la situación al señalar que cuando se llamó a la responsable de la sucursal para que defendiera la venta «no fue capaz de explicar correctamente el producto en comparación con lo expuesto por los peritos, de forma que difícilmente pudo hacerlo en el momento de la contratación», y concluye asegurando que «tampoco fue capaz de explicar la razón por la que la entidad calificó el producto primero como "no complejo" y poco después como "complejo", y desconocía el funcionamiento del mercado».

Si Rajoy firmó en 2002 la norma que dio origen a las participaciones preferentes, diez años más tarde hizo lo mismo con el llamado MOU (*Memorandum of Understanding*). El 24 de julio de 2012 el Gobierno asumió el rescate bancario a cambio de que los titulares de participaciones preferentes asumieran sus pérdidas. Eso daba lugar al segundo gran ganador de toda la operación: el Estado, que no tenía que asumir indemnizaciones y que comenzó en ese momento a regatear con los estafados para evitar devolver miles de millones de euros.

## DOBLE VICTORIA PARA EL ESTADO

Las responsabilidades del regulador eran, al menos, tres. Primera: garantizar que se cumpliera la ley en la venta de las participaciones; segunda: vigilar que se respetaba la misma ley en el funcionamiento del mercado, y tercera: compensar a los defraudados si a pesar de todo se violaba la ley. Ninguna de esas tres responsabilidades ha sido plenamente cubierta y en las tres un Gobierno que decía velar por los ahorradores se ha ahorrado miles de millones a su costa. Si las entidades recaudaron más de 25.000 millones desde el principio de la crisis y unos 15.000 en los años clave de la misma, el arbitraje de las preferentes se ha saldado devolviendo a los ahorradores algo más de 3.000 millones. El resto del dinero, hasta rondar los 12.000 millones, es un botín que se reparten los bancos y un Estado que no tendrá que abonarlo como responsable subsidiario. El Ministerio de Economía y Competitividad y el de Hacienda son los segundos grandes ganadores de la crisis de las preferentes.

Para empezar la secuencia de responsabilidades oficiales, los órganos de regulación debían comprobar que la venta de productos era la correcta, es decir, que se cumplía la ley cuando se vendían aquellos productos financieros complejos.

La legislación en ese sentido es tan abundante que las próximas líneas enumeran solo la más relevante: el Real Decreto 629/1993, de 3 de mayo, sobre normas de actuación de los mercados de valores imponía el deber a quienes vendían productos financieros de proporcionar «toda la información relevante para que los inversores conformen su voluntad con pleno conocimiento». De igual modo, la Directiva 2004/39/CE del Parlamento Europeo, y aprobada en España como MIFID *(Markets in Financial Instruments Directive)**, exigía que quienes contrataban un producto comprendieran lo que fir-

* http://eur-lex.europa.eu/legal-content/ES/TXT/PDF/?uri=CELEX:02004L0039-20110104&from=EN

maban e incluso obligaba a los bancos a clasificar a sus clientes en función de sus conocimientos financieros. Nada de esto se hizo, como parece demostrar el podio de la vergüenza antes mencionado del que se deduce no solo el incumplimiento de las entidades bancarias, sino también la falta de diligencia de los reguladores y la posible responsabilidad del Estado.

## FIN DE FIESTA

Sin embargo, la CNMV —que había hecho advertencias a las entidades al detectar en 2008 que ya no vendían preferentes a inversores institucionales sino a ahorradores particulares— ha emitido un dictamen en el que asegura que «con carácter general, la comercialización de este tipo de productos complejos por parte de las entidades emisoras se había ajustado a la normativa aplicable». El regulador defiende su actuación como «contundente» y asegura que «cumplió con su obligación al señalar que no se debía seguir esa vía», pero añade que no tiene más competencias disciplinarias para actuar.

Curiosamente, ninguno de los siete expedientes abiertos por la CNMV terminó en sanción. Así que la línea argumental de quien vigilaba ese mercado parece ser no solo que las entidades lo hicieron bien, sino que el regulador también actuó de manera impecable, cerrando así la puerta a posibles reclamaciones al Estado. Con ese argumento, la CNMV parece querer evitar reclamaciones que podrían sumar hasta 25.962 millones de euros de, al menos, 710.000 familias.

Además, las participaciones preferentes se caracterizaban por estar admitidas a negociación en el mercado secundario AIAF (Asociación de Intermediarios de Activos Financieros), es decir, supuestamente se podían comprar y vender al precio justo que determinara dicho mercado. El trabajo del Estado consistía, pues, en velar por el correcto funcionamiento de esa plaza de negociación para permitir la formación de precios sin manipulaciones ni engaños. Es, en esencia, el papel mínimo que se puede reclamar a un Estado, incluso desde el punto de vista estrictamente liberal.

Pero tal mercado nunca existió: cuando los clientes intentaban vender las participaciones preferentes solo los bancos que las habían colocado estaban al otro lado del mostrador. No había un mercado de preferentes como tal, sino que los bancos las recompraban para evitar un desplome de los precios, con la consiguiente pérdida de clientes. Esa es, básicamente, la conclusión del Banco de España en su informe de 5 de marzo de 2012, en el que analiza cómo Bankia recompró a sus clientes preferentes y subordinadas «a un precio muy por encima del valor de mercado, pagando el 100 por ciento del nominal de los títulos por algo que dos expertos independientes han valorado en solo un 21 por ciento, lo que podría conllevar un lucro cesante para BFA (Banco Financiero y de Ahorros), comparando los precios, de hasta 1.000 millones de euros», según reza la querella que interpuso Unión Progreso y Democracia (UPyD) en la Audiencia Nacional. ¿Para qué esas pérdidas? La respuesta del Banco de España es clara: «para mitigar el elevado riesgo comercial latente», es decir, «no fuera a ser que los inversores se dieran cuenta de que lo que la entidad había estado comprando y vendiendo por 100 en el mercado interno en realidad tenía un valor razonable

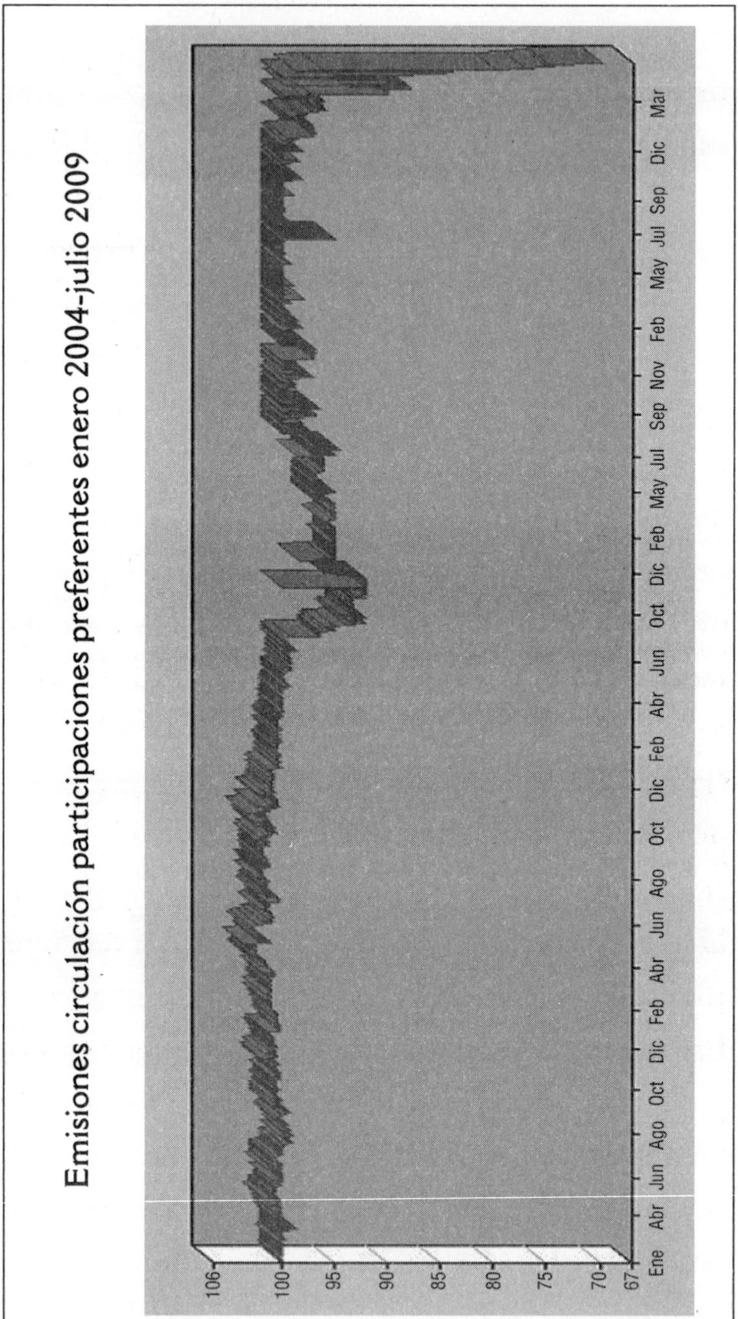
Emisiones circulación participaciones preferentes enero 2004-julio 2009
106
100
95
90
85
80
75
70
67
Ene
Abr
Jun
Ago
Oct
Dic
Feb
Abr
Jun
Ago
Oct
Dic
Feb
Abr
Jun
Oct
Dic
Feb
May
Jul
Sep
Nov
Feb
May
Jul
Sep
Dic
Mar

de 21», concluye la querella, «descubriendo la manipulación del mercado».

Si se analizan las curvas de evolución de esos productos, lo ocurrido salta a la vista. Los precios de las preferentes se mantuvieron altos hasta un punto determinado en que las entidades no pudieron seguir soportando su valor y las dejaron caer. El desplome no se produjo en el mismo momento en todas partes, la dinámica lógica en cualquier crac del mercado, sino que fue determinado por la solidez del balance de cada uno de los bancos afectados, de forma que las entidades más fuertes dejaron caer las preferentes más tarde que las más frágiles. En cualquier caso, no fue el mercado, sino el tenedor del producto el que decidió que la fiesta había terminado.

Dicha fiesta concluyó con pérdidas de valor del 36 por ciento en un único día para entidades como La Caixa o del 83 por ciento en menos de una semana para Caja Madrid. Sin embargo, ni una sola alarma saltó entre los vigilantes del mercado, que no detectaron irregularidad alguna en dibujos de cotización estables durante años que, de repente, se desplomaban hasta perder todo su valor.

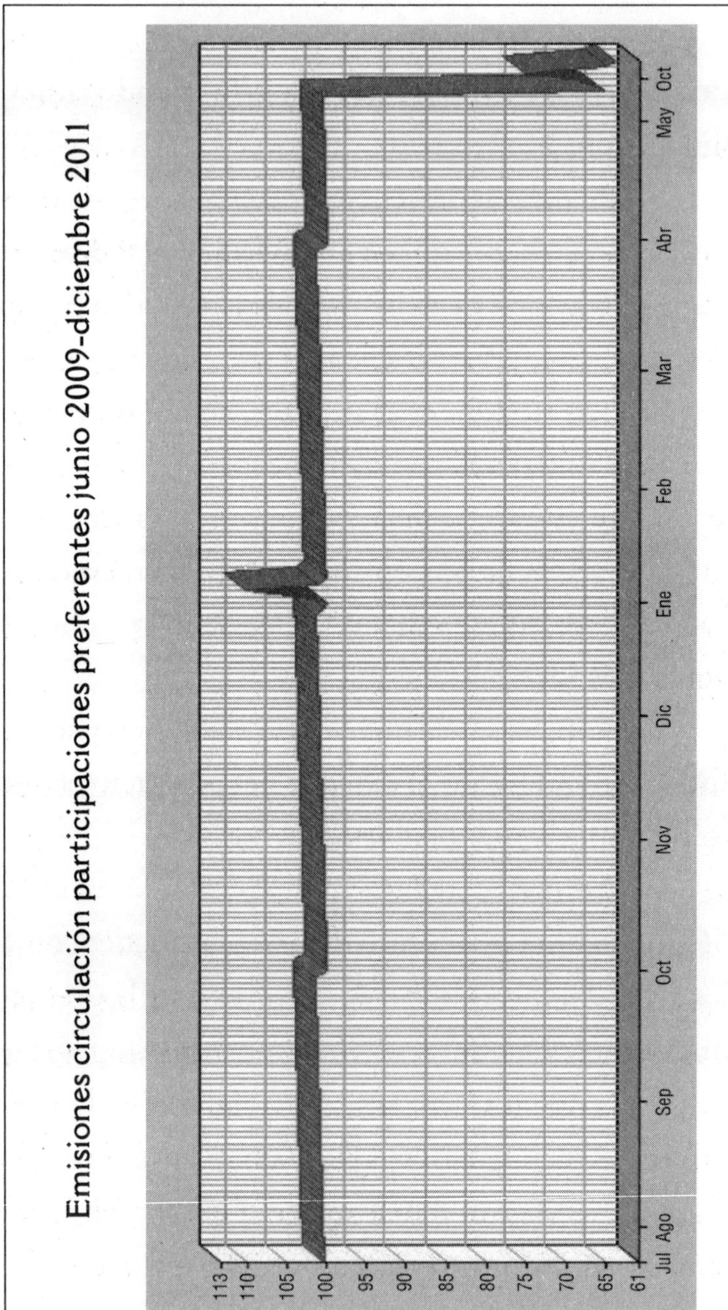
Emisiones circulación participaciones preferentes junio 2009-diciembre 2011
113
110
105
100
95
90
85
80
75
70
65
61
Jul Ago
Sep
Oct
Nov
Dic
Ene
Feb
Mar
Abr
May
Oct

Las sombras de duda sobre el mercado son tales que productos concretos como las participaciones preferentes emitidas por Caja Madrid desaparecieron de cotización en ese mercado el 8 de mayo de 2010 y no reaparecieron hasta el 25 de abril de 2012. El Grupo de Bolsas y Mercados Españoles explica que «el mercado AIAF nunca ha estado cerrado ni para esa ni para ninguna emisión», es decir, que su cotización en teoría debía seguir siendo reflejada y la caja debía informar de cómo iban los precios. Cuando por fin lo hizo, reflejó una caída del 85,38 por ciento.

Tampoco ha investigado nadie si hubo manipulación de mercado en este caso o si los precios de un supuesto mercado eran determinados de forma unilateral por una de las partes, pese a que la CNMV emitió un informe el 11 de febrero de 2013 en el que —12 años después de la emisión de las primeras participaciones— el regulador del mercado encontraba que los bancos estaban inflando el precio de «títulos cuyo valor era sensiblemente inferior». «Las entidades no actuaron como era su obligación en interés de los inversores», concluye el dictamen.

Ante esa avalancha de conclusiones, los tribunales deberían haber revisado las prácticas de mercado de los bancos, abierto un procedimiento a los sistemas de cotización y, previsiblemente, impuesto multas millonarias que el Estado debería haber asumido como responsable subsidiario. El asunto ni siquiera se ha llegado a investigar. Los tribunales archivaron esa parte de la querella presentada por UPyD y se están limitando a dictar resoluciones caso por caso sobre si se debe devolver o no el dinero a inversores concretos. Sin duda, esa es la segunda gran victoria de un Gobierno que ahorra así miles de millones de euros y de un sistema bancario que ha evitado que se sometan a escrutinio sus procedimientos de negociación interna y de operación en el mercado.

## Triple victoria

La tercera victoria del Estado ha sido la conseguida con los sistemas de arbitraje, es decir, con la solución al problema. En realidad, el sistema ha sido una solución pero para los problemas del Gobierno, no para los de los perjudicados.

En teoría esos sistemas estaban diseñados para evitar que los ahorradores estafados gastaran dinero y tiempo en procesos judiciales. Dado que en España no existe la acción colectiva y que las demandas de grupos presentadas por asociaciones de usuarios y bufetes de abogados terminan resolviéndose de manera individual, el arbitraje planteaba una vía extrajudicial tasada para grupos de inversores con la que recuperar el dinero si los árbitros así lo estimaban. El FROB (fondo de reestructuración ordenada bancaria) designaba a un conjunto de árbitros que serían los que determinarían si había habido fraude o no y si correspondía devolver el dinero o no.

Quienes han recurrido al arbitraje han recuperado menos del 50 por ciento del dinero que reclamaban. El 75 por ciento de los laudos han sido favorables a los clientes para quienes reclamaban su dinero a Bankia, pero solo el 62 por ciento ha dado la razón al cliente en el caso de Novacaixagalicia Banco y apenas un 37 por ciento en el caso de Catalunya Banc. Si se analiza por entidad, al cierre del proceso, el gran ganador del procedimiento es el Gobierno, que ha evitado un desembolso millonario: de los 6.833 millones que los preferentistas reclamaban fundamentalmente a Bankia, Novacaixagalicia Banco y Catalunya Banc, se ha resuelto la devolución de apenas 3.076 millones de euros.

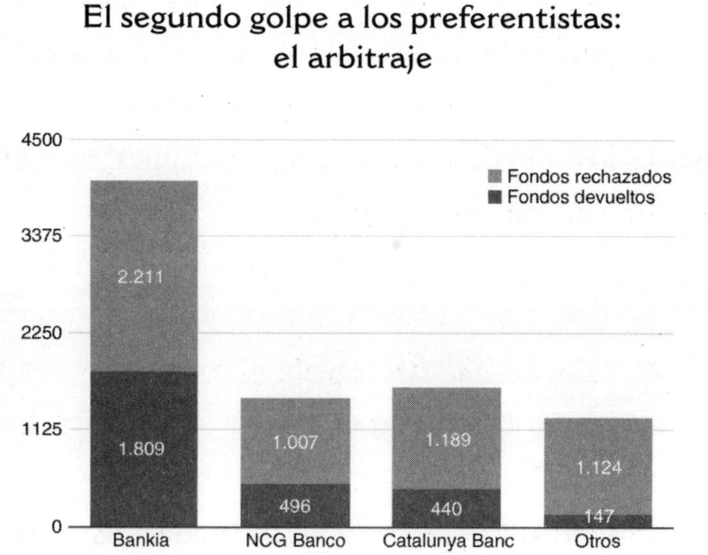


Fuente: FROB, comisión de seguimiento de productos híbridos.

El ministro de Economía Luis de Guindos defendió el sistema del arbitraje como fórmula para evitar «un proceso judicial largo y costoso» y lo describió como la manera de contribuir a que «un porcentaje elevadísimo» de las personas afectadas lograran una solución. Paradójicamente, solo los que desconfiaron de sus palabras han recuperado el dinero «en un porcentaje elevadísimo». En concreto, quienes rechazaron la vía que les ofrecía el Ejecutivo y acudieron a los tribunales han ganado el 96 por ciento de las reclamaciones que planteaban.

De nuevo, en la solución de las participaciones preferentes parece haber ganado todo el mundo, menos los preferentistas. Porque también los árbitros han salido beneficiados.

## EL ÚLTIMO GANADOR: EL ÁRBITRO DEL CONFLICTO

A los muchos ganadores y a las muchas casualidades que ya han jalonado todo este relato falta añadir una: las firmas que actuaron como árbitros fueron las mismas que habían auditado a las entidades financieras, es decir, las mismas que no habían puesto objeción alguna a los procesos de venta a ahorradores particulares, ni siquiera cuando la ley exigía que el 10 por ciento de los inversores fueran institucionales.

Tres nombres propios son los ganadores: KPMG, PricewaterhouseCoopers y Ernst and Young recibieron 25,4 millones de euros por actuar como árbitros entre las reclamaciones particulares y las entidades bancarias.

KPMG arbitró las reclamaciones de Bankia; PricewaterhouseCoopers actuó como árbitro de las preferentes en Novacaixagalicia Banco y Ernst and Young revisó las ventas de Catalunya Banc.

KPMG justifica los 7 millones de euros de honorarios que percibe por el equipo humano requerido para realizar sus análisis. Más de 100 profesionales han sido necesarios, según la auditora, para analizar las demandas que afectaban a Caja Madrid y Bancaja. PwC y Ernst and Young se reparten los otros 18 millones de euros. Ninguna de ellas ha justificado ni sus equipos ni sus honorarios y solo han remitido a las cifras hechas públicas por el FROB, que apuntaba a la existencia de más de 100.000 expedientes pendientes de resolución.

Resulta, como mínimo, atrevido adjudicar a quienes no detectaron el problema como auditores que arbitren su solución como consultores. Pero resulta todavía más escandaloso que la factura deje otros 25 millones de euros a cargo del contribuyente.

La estafa de las preferentes deja, pues, muchos ganadores. Ninguno de ellos es quien compró un producto que supuestamente garantizaba las ganancias: los preferentistas.

# III

# Los fondos buitre: ¿quién se ha llevado mi casa?

Desde que estalló la burbuja inmobiliaria los embargos y los desahucios de viviendas se han convertido en parte del paisaje de la crisis nacional. Las estadísticas reales desmienten los anuncios oficiales de que el problema se había solucionado gracias a una nueva ley hipotecaria. Las cifras muestran que lejos de estar en vías de solución, el problema se ha agravado. Según los datos del Banco de España, frente a los 1.041 desalojos de viviendas ocupadas de 2013 se han registrado 1.218 desahucios en 2014, una subida del 17 por ciento. Esa misma tendencia ha sido ratificada por las otras dos fuentes que hasta ahora han informado del problema: el INE habla de un aumento del 10 por ciento de los «lanzamientos de vivienda», el término técnico con el que se describe el problema y también el Consejo General del Poder Judicial (CGP) cifra en un 7 por ciento la subida de viviendas desalojadas forzosamente. Los perdedores de la crisis, una vez más, vuelven a estar claros; en este caso, las personas que recibieron créditos sin exigencias antes de la explosión de la burbuja y que han recibido demandas sin piedad después.

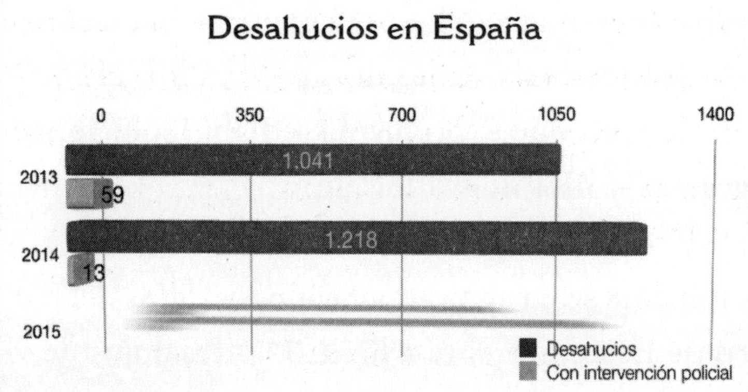


Fuente: Banco de España.

En la mayoría de los casos eso significa ciudadanos con un trabajo precario y eso ha propiciado que con la llegada de los apuros económicos hayan sido también los primeros en perderlo. Ese es el perfil mayoritario de los perjudicados en el sector inmobiliario a lo largo de la crisis, hasta el punto de que el aumento del desempleo explica casi el 95 por ciento de los impagos hipotecarios registrados en los últimos años. Por tanto, los perdedores de las viviendas se ven perjudicados por partida doble. Esa estadística contradice además la argumentación utilizada por el Gobierno para cerrar la puerta a reclamaciones, como la dación en pago, aduciendo que se debía «reforzar la cultura del pago de deudas», tal y como aseguró el ministro Cristóbal Montoro en julio de 2014. En España la hipoteca es lo último que se deja de pagar.

## LOS DOS LADOS DEL MOSTRADOR

La máxima de que no se puede dejar caer el sistema bancario por las catastróficas consecuencias que tiene para un país es un axioma que en España se ha referido solo a una de las dos partes que componen el sistema financiero. A ambos lados del mostrador había, por una parte, una entidad financiera de la que el rescate bancario se ha encargado a toda costa y, por otra, unos clientes de los que el mismo rescate parece haberse desentendido a toda velocidad.

Crédito hipotecario no destinado a la adquisición de vivienda sobre el total del crédito

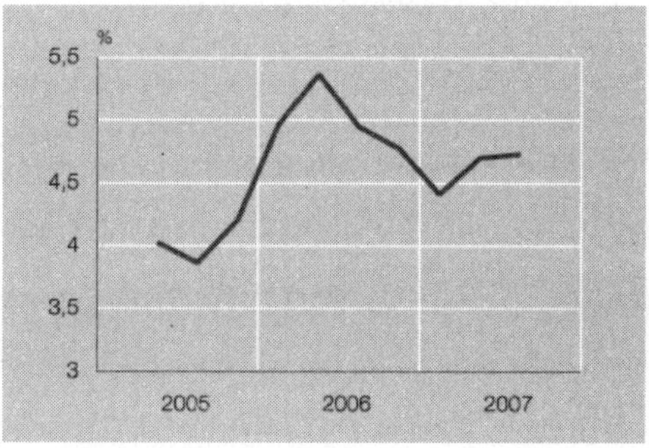


Las entidades bancarias han pedido auxilio después de haberse embarcado en una concesión de crédito hipotecario que desafiaba la ley de la gravedad y que, asumiendo un ciclo eterno de subidas del precio de los pisos, se multiplicó por cinco entre 1992 y 2009, bien entrada ya la crisis. El ritmo de concesión de hipotecas fue de tal calibre que saltó de los 200.000 millones a más del billón de euros, según los datos del Banco de España, y el crédito inmobiliario se convirtió en la forma de comprar cualquier cosa: muebles, electrodomésticos, coches, etcétera. Según las estadísticas del regulador, cuando explotó la crisis el 5,5 por ciento del crédito hipotecario se dedicaba a comprar otros artículos que nada tenían que ver con la vivienda.

La irresponsable petición de crédito por parte de algunos clientes solo se puede comparar con la irresponsable concesión de crédito por parte de algunas entidades. Estas mismas han argumentado que nunca se les advirtió de que estaban concediendo créditos hipotecarios con demasiada alegría. Más allá del cinismo de un argumento que explica los errores propios en la falta de supervisión ajena, el Banco de España publicó advertencias ya en 2006 y emitió en 2007* unos 164 requerimientos a la

* http://www.bde.es/f/webbde/Secciones/Publicaciones/PublicacionesAnuales/InformesAnuales/07/Fic/inf2007.pdf

banca española, el 28 por ciento del total, sobre cuestiones «relacionadas con la concesión y seguimiento del riesgo crediticio de sus carteras inmobiliarias». Sin embargo, cuando llegó la hora del rescate, se dejó caer a los clientes y se financió el salvamento de las entidades. Cómo se ha ejecutado esa limpieza inmobiliaria arroja varios ganadores claros: los propios bancos, los fondos buitre y otros reyes del ladrillo después de la tormenta.

## SIEMPRE GANA LA BANCA: EL BANCO MALO

El 1 de diciembre de 2012 la banca volvió a ganar en España. En concreto, ganó unos 4.800 millones de euros y 15 años de alivio, cuando el Gobierno constituyó la Sociedad de gestión de Activos procedentes de la Reestructuración Bancaria (Sareb), que sería conocida como «el banco malo».

La Sareb era una forma de limpiar los balances bancarios creando un vertedero en el que arrojar los pisos e inmuebles que carecían de valor y que lastraban las cuentas de resultados de los bancos.

El Estado se quedaba con esos inmuebles y pagaba a los bancos con una moneda considerada de primera calidad por los criterios contables del Banco Central Europeo: bonos con el aval del Estado. La jugada era perfecta para la banca: se cambiaban pisos y terrenos que no valían nada por activos a los que se otorga el mismo valor que el dinero en efectivo. Todos esos pisos e inmuebles eran almacenados en un banco malo que disponía de plazo hasta 2027 para venderlos en el mercado y recuperar, si podía, el dinero.

Los ganadores evidentes fueron los bancos en apuros que encontraban un depósito en el que apartar su lastre, aunque no todos y no todos por igual. Y de nuevo los perdedores volvían a ser los contribuyentes que abonaron 2.192 millones de euros, el equivalente a lo que el Estado ha recortado en ayudas a la dependencia a lo largo de tres años. Por poner la cifra en perspectiva, el dinero público que se ha necesitado para crear el banco malo y enjugar las pérdidas inmobiliarias de algunos bancos es el mismo que se ha ahorrado en ayudas a los dependientes y que ha provocado una caída de 88.595

beneficiarios según el Observatorio de la Dependencia y que ha costado su puesto de trabajo a unos 45.000 empleados en ese sector.

La derrama para los contribuyentes puede ser todavía mayor. Puesto que el capital del banco malo está respaldado por deuda con el aval del Estado, si la Sareb no consigue vender sus activos a un precio igual o superior al que los recibió, sus pérdidas tendrán que ser cubiertas con esos avales, es decir, deberán ser pagados por la deuda pública. Es difícil prever qué hará el mercado inmobiliario en un horizonte de 15 años pero, de momento, los activos que se traspasaron al banco malo ya han sufrido dos «retasaciones» a la baja que hacen prever pérdidas de valor todavía mayores. Así pues, la Sareb ha dejado ya una factura pasada a los españoles y puede dejar otra futura. La única incógnita a día de hoy parece ser cuán grande será la segunda cuenta que los españoles tendrán que pagar hasta 2027.

Pero en esta ocasión los perdedores no han sido solo los contribuyentes. En el enjuague de cuentas del sector han contribuido algunos de los grandes bancos del país a los que el Ejecutivo *persuadió* para que apoyaran la creación de esa institución con el 55 por ciento del capital de la Sareb.

El dinero del «banco malo»

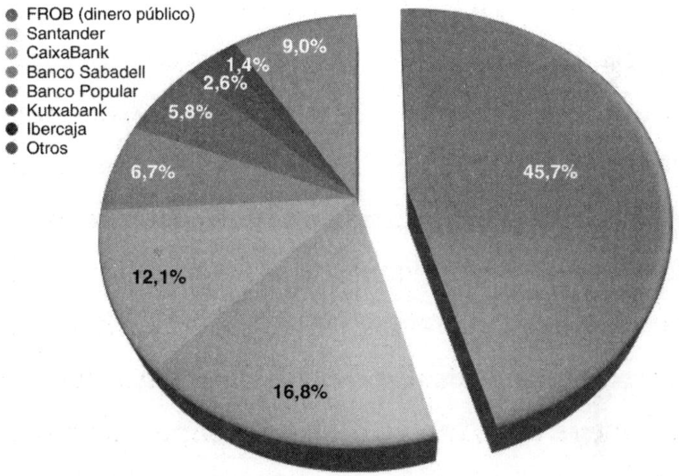


Fuente: Sareb.

El ejercicio de persuasión fue especialmente eficaz con los bancos que posteriormente más se beneficiarían de la reestructuración bancaria, en concreto el Santander y CaixaBank que aportaron

805,6 y 581,2 millones de euros, respectivamente. Sabadell, Popular, Kutxabank e Ibercaja serían los otros grandes nombres que pagaron la fiesta del resto del sector, así como un grupo de compañías aseguradoras pendientes de una posterior regulación sobre primas y mutuas que el Ministerio de Economía, que les reclamaba fondos, debía acometer unos meses después. Todo fue comprensión entre quien pedía dinero y quien no tuvo problemas en aportarlo, salvo en un caso: el BBVA. Su presidente, Francisco González, fue el único de los grandes nombres del sector que no ha perdido ni un céntimo con esa operación.

Pese a que González había adelantado que aportarían fondos «por el bien del país», el 12 de diciembre de 2012 el BBVA comunicaba oficialmente que no participaría en la creación de la Sareb pese a lo que fuentes de la entidad describían como «presiones del Ministerio de Economía». La entidad razonó que las contrapartidas que recibiría no valían el peaje de aportar los más de 600 millones que —según las mismas fuentes— le reclamaba el Gobierno. La decisión del BBVA dejó a la entidad fuera del reparto de entidades bancarias hasta 2014. Algo antes, la entidad suavizó su negativa inicial y aceptó convertirse en uno de los bancos que sí financiaría la compra de viviendas provenientes de la Sareb, convirtiéndose así en el primer banco financiador de operaciones de la sociedad sin formar parte de su accionariado. La victoria del BBVA en su resistencia fue, por tanto, solo temporal.

## ¿Quién ha ganado realmente con el banco malo?

De nuevo los ganadores fundamentales han sido los bancos que han aparcado en la sociedad un total de 197.474 millones de euros tóxicos y que han aliviado sus balances de un parque inmobiliario sin valor a cambio de bonos con el aval del Estado.

Activos tóxicos traspasados al «banco malo»

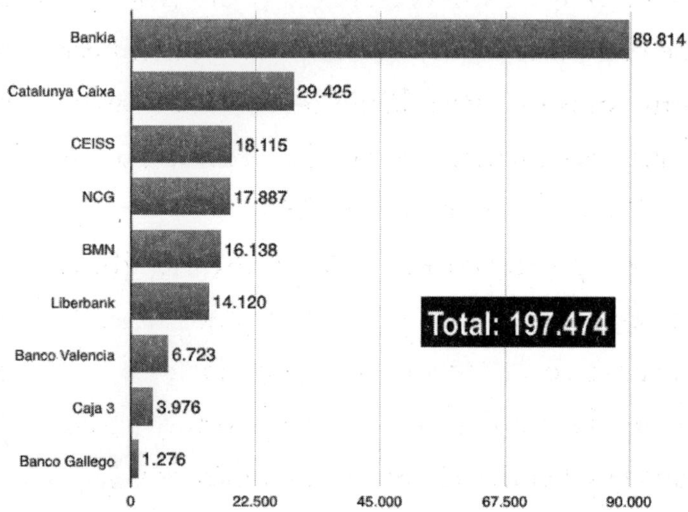


Fuente: Sareb.

## *El gran ganador de esa operación tiene nombre propio: Bankia*

La entidad que presidía Rodrigo Rato colocó en la Sareb casi 90.000 millones de euros, en su mayoría préstamos a promotores de vivienda que solicitaron un crédito y que ahora son incapaces de pagarlo.

De hecho, el 80 por ciento de los activos que tanto Bankia como los otros bancos han descargado en el banco malo son créditos al promotor, mientras que el 20 por ciento restante está compuesto por inmuebles que van desde pisos hasta centros comerciales e incluso un castillo que todavía figura en el portafolios del banco malo.

Así pues, Bankia ha conseguido librarse de una sola tacada tanto de clientes (promotores) morosos como de suelo y viviendas que ya no valían nada. La diferencia entre lo que ha ganado Bankia y las demás es tan escandalosa que la entidad ha aparcado en el banco malo tantos activos tóxicos como Catalunya Caixa, CEISS, Novacaixagalicia Banco, BMN y Liberbank juntas, es decir, tanto como los otros cinco siguientes ganadores unidos.

Los siguientes ganadores parecen ser los fondos buitre que están siendo capaces de comprar grandes paquetes de activos con una subvención: la que corre a cargo de los fondos públicos.

## LAS GESTORAS Y LOS FONDOS BUITRE

Desde que nació, el banco malo vendió en sus dos primeros años de vida lo que los expertos inmobiliarios describen como la «crema» de su parque: 24.190 inmuebles si se suman viviendas, superficies industriales y suelo por los que ha ingresado 8.000 millones de euros. En muchas de esas ventas ha habido compradores especuladores pero el momento de los buitres comienza realmente ahora.

Con el estallido de la burbuja inmobiliaria, España se convirtió en el paraíso de los llamados «fondos buitre», es decir, capital especulativo que invierte en mercados en apuros para ganar dinero cuando repunten los precios o en la reconversión del producto que compran. En el caso de las viviendas españolas, esa es la gran esperanza de esos fondos: el mercado se ha abaratado ya un 40 por ciento y la posibilidad de transformar algunas viviendas protegidas en bienes inmobiliarios convierten el sector en una oportunidad muy lucrativa de negocio. Esos fondos han sido los grandes ganadores del crac inmobiliario en el país.

Cuando el banco malo comenzó a vender viviendas, Belén Romana, su entonces presidenta, aseguró que las nueve cajas rescatadas usarían sus sucursales para vender las propiedades embargadas. La idea se derrumbó relativamente temprano porque muchas entidades habían traspasado viviendas sin valor al banco malo aunque habían conservado un parque inmobiliario también embargado a sus clientes pero con el que creían que todavía podían ganar dinero. Así, los bancos preferían vender los pisos en stock del propio banco que los del banco malo. La competencia consigo mismos dentro de las mismas oficinas era evidente.

Ante ese problema, la Sareb se echó en brazos de grandes gestores comerciales que han terminado siendo los segundos ganadores de la crisis inmobiliaria en España. Se trata de grandes empresas de gestión inmobiliaria que, casualmente, son propiedad de fondos buitre en algunas ocasiones o que venden directamente a esos mismos fondos. Las cuatro grandes sociedades que se encargan ahora de vender los pisos del banco malo son:

— *Haya Real Estate*. Paga 18.000 millones de euros por la gestión de 52.000 inmuebles y préstamos de Bankia durante cinco años. Es propiedad del fondo buitre Cerberus.
— *Altamira*. Controla 44.000 viviendas, propiedades industriales y suelos, así como créditos al promotor procedentes de Catalunya Caixa, BMN y Caja3 por los que ha abonado 14.000 millones de euros. Es propiedad del Banco Santander.
— *Servihabitat*. Controla 30.000 inmuebles y créditos provenientes de Liberbank, Banco de Valencia y Novacaixagalicia Banco por los que ha abonado 9.200 millones de euros. Su accionista mayoritario es CaixaBank.
— *Solvia*. Controla 42.900 viviendas, naves y créditos procedentes tanto de Bankia como del Banco Gallego y de CEISS por los que pagó unos 7.000 millones de euros. Pertenece al Banco Sabadell.

Esas empresas y sus accionistas son los segundos ganadores de la crisis inmobiliaria, puesto que han adquirido en saldo unos activos que han sido rebajados y retasados dos veces. Esas gestoras no son estrictamente fondos buitre pero en el mercado hay un secreto a voces: todas ellas suelen actuar junto a esos fondos de manera más o menos coordinada para intentar recuperar el valor de inmuebles que se venden a precio de derrama.

Los terceros grandes ganadores son los que quedan al otro lado del mostrador: los compradores de esos lotes de viviendas, es decir, los fondos buitre. En los dos últimos años 190 fondos nuevos se han registrado en la CNMV para operar en nuestro país con más o menos agresividad. La explosión de los fondos no tiene precedentes en crisis anteriores.

Los buitres defienden su actuación en términos de ecosistema biológico y económico: al igual que las aves carroñeras extraen la carroña y evitan podredumbres, los fondos buitre también limpian el mercado de activos que amenazan con intoxicar el sistema, defienden ellos. En términos económicos, los fondos buitre sostienen que aportan liquidez a la banca que le vende activos. Las hipotecas o viviendas que los bancos venden a fondos buitre han sido antes calificadas como «fallidas», es decir, como irrecuperables. Cualquier precio que reciben los bancos por esos activos es un beneficio en efectivo con el que ya no contaban en sus libros porque ya han sido «provisionados», esto es, contabilizados como pérdidas. Así pues, el dinero que pagan los fondos buitre es liquidez inmediata para las entidades bancarias con el que invertir en otros negocios.

Los bancos ganan pero esos capitales carroñeros ganan todavía más. Son fondos que compran viviendas ocupadas por 63.000 euros y que las venden a sus inquilinos por 150.000 o 170.000 euros bajo la amenaza de desalojarlos si no las adquieren. Las cifras no son aleatorias, sino que responden exactamente a la operación que Goldman Sachs-Azora ha aplicado a las viviendas de protección oficial que le vendió el Instituto de la Vivienda de Madrid (Ivima). En casos como este, son los organismos públicos los que —a cambio de obtener dinero líquido rápido— garantizan a esos fondos rentabilidades como esa de hasta el 169 por ciento.

Esos son los fondos que han ganado la gran recesión y sus resultados así lo prueban. Ninguno de los grandes nombres ha arrojado pérdidas. Más bien al contrario. Sus beneficios han sido extraordinarios. Los inversores especulativos han acudido en masa buscando retornos hasta el punto de que solo el fondo líder del sector ha recibido 26.000 millones de dólares para invertir en 2014.

Blackstone, el icono de esas prácticas, ha presentado unas ganancias de espectáculo que han llevado a su máximo directivo y co-fundador, Stephen A. Schwarzman, a publicar una carta en la que reconoce «excepcionales resultados»*. En 2014 Blackstone se ha convertido en el gestor de activos públicos más rentable del planeta. Su división inmobiliaria ha publicado un retorno del 20,9 por ciento, mientras que su división de «recuperación de créditos» ha reportado beneficios de entre el

* http://www.blackstone.com/news-views/blackstone-blog/blog-details/annual-chairman's-letter-2014-the-art-of-the-long-view

15 y el 25 por ciento en apenas 12 meses. Las cifras de sus cuentas de resultados son monstruosas: en un solo año ha ganado 4.300 millones de dólares, un 24 por ciento más que el año anterior, y ha repartido entre sus accionistas 3.100 millones de dólares en dividendos. Desde que empezó la crisis en 2007, Blackstone no ha vivido ni un solo año en que sus beneficios hayan crecido por debajo del 10 por ciento.

## LAS VÍCTIMAS

El secreto para obtener rentabilidad en pisos donde otros no pueden extraer valor es bastante sencillo y de ello da fe la otra parte de esta transacción: sus víctimas. Los inquilinos y los deudores son sometidos a prácticas tremendamente agresivas para que desalojen las viviendas o repaguen a toda costa los gastos pendientes. Las presiones que los bancos no pueden permitirse por el coste de imagen que supone a entidades que venden confianza no son obstáculo para nombres relativamente desconocidos como Cerberus, Blackstone o Lone Star.

Los siete jinetes del apocalipsis inmobiliario, los siete grandes ganadores de esta crisis, tienen nombres y apellidos por lo general extranjeros. Sin embargo, todos ellos tienen conexiones domésticas muy importantes:

— *Cerberus*. Es uno de los más activos en España hasta el punto de que en su nómina han estado hombres como José María Aznar o su hijo José María Aznar Botella. Es, probablemente, el más potente del país después de haberse quedado con la unidad inmobiliaria de la Bankia que presidió otro hombre del PP, Rodrigo Rato, y tras haber recibido un paquete de 18.000 millones de euros por parte de la Sareb.

— *Blackstone*. Es el gigante del sector y en España se ha significado por comprar, entre otros activos, la cartera inmobiliaria de Catalunya Banc tasada en algo más de 6.000 millones de euros. Blackstone ha atraído en apenas 12 meses 26.000 millones de dólares para invertir y ha optado por destinar el 47 por ciento de esos fondos a compras fuera de Estados Unidos en mercados como el español.

— *Elliot Management*. Dirigida por Paul Singer ha dado pelotazos inmobiliarios en España como el que firmó con el Santander, al que pagó 12 millones de euros por una cartera inmobiliaria valorada en 300 millones. Esa cartera, compuesta en su mayoría por créditos impagados, está a día de hoy «en periodo de recuperación».

— *Apollo Global Management*. Apollo es uno de los precursores del negocio y también opera junto a uno de los grandes bancos nacionales, el Santander, en operaciones de compra de activos de la Sareb. En España ha comprado también la cartera inmobiliaria de la que se ha desecho el banco Commerzbank.

— *TPG Capital*. El fondo americano con sede en Texas también trabaja de la mano de entidades españolas, en este caso, CaixaBank.

Con la entidad catalana ha establecido una sociedad en Servihabitat, donde ha comprado el 51 por ciento del capital y con la que ha conseguido adjudicaciones del banco malo por valor de más de 9.000 millones de euros.

— *Lone Star.* También tiene sede en Texas pero su entrada en España ha sido muy agresiva durante los últimos años de la crisis. En los últimos dos años se ha hecho con EuroHypo, la división inmobiliaria de Commerzbank, por 3.500 millones de euros y la rama hipotecaria de Kutxabank por otros 930 millones más.

— *Hispania.* Es un fondo propiedad de los referentes de la especulación en el mercado, George Soros y John Paulson. La firma está siendo utilizada para adquirir activos inmobiliarios e incluso compañías promotoras o constructoras como Realia en una operación inicialmente valorada en unos 1.200 millones de euros y que sorprendentemente ha encontrado la resistencia de FCC

—propietaria del 36,88 por ciento de Realia— que ha vuelto a descubrir el atractivo de las inversiones inmobiliarias en nuestro país tras el parón de la gran recesión.

### «Ganar o ganar» por contrato

El compromiso para que los fondos buitre ganen dinero con la venta de inmuebles ha llegado a situaciones como la del Ayuntamiento de Madrid en la que Ana Botella se comprometía por contrato a desalojar a 131 familias de viviendas protegidas de cinco edificios a cambio de 21 millones de euros. El consistorio se comprometía por escrito a echar a los inquilinos, a los que definía como «okupas», y a «hacer sus mejores esfuerzos para liberar la finca de arrendatarios, iniciando tal acción desde el momento de la firma del presente contrato».

En el contrato de venta del inmueble, el Ayuntamiento de la capital admitía una cláusula de penalización de entre 31.848 euros como mínimo y 117.256 euros como máximo por cada vivienda que todavía estuviera habitada en el momento en que debía producirse la venta del inmueble, bajo la siguiente redacción: «Para las unidades que haya Okupas en el momento de la formalización de la compraventa, las partes establecen una penalización en el precio del 25 por ciento del mismo».

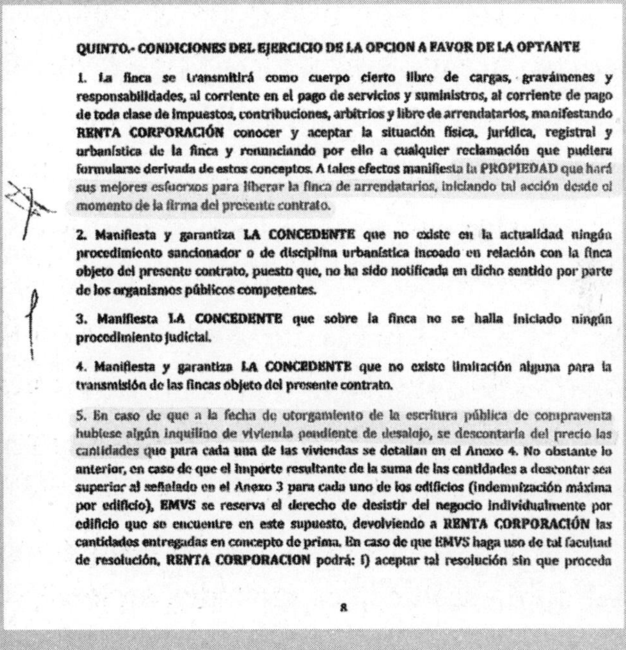

**QUINTO.- CONDICIONES DEL EJERCICIO DE LA OPCION A FAVOR DE LA OPTANTE**

1. La finca se transmitirá como cuerpo cierto libre de cargas, gravámenes y responsabilidades, al corriente en el pago de servicios y suministros, al corriente de pago de toda clase de impuestos, contribuciones, arbitrios y libre de arrendatarios, manifestando **RENTA CORPORACIÓN** conocer y aceptar la situación física, jurídica, registral y urbanística de la finca y renunciando por ello a cualquier reclamación que pudiera formularse derivada de estos conceptos. A tales efectos manifiesta la **PROPIEDAD** que hará sus mejores esfuerzos para liberar la finca de arrendatarios, iniciando tal acción desde el momento de la firma del presente contrato.

2. Manifiesta y garantiza **LA CONCEDENTE** que no existe en la actualidad ningún procedimiento sancionador o de disciplina urbanística incoado en relación con la finca objeto del presente contrato, puesto que, no ha sido notificada en dicho sentido por parte de los organismos públicos competentes.

3. Manifiesta **LA CONCEDENTE** que sobre la finca no se halla iniciado ningún procedimiento judicial.

4. Manifiesta y garantiza **LA CONCEDENTE** que no existe limitación alguna para la transmisión de las fincas objeto del presente contrato.

5. En caso de que a la fecha de otorgamiento de la escritura pública de compraventa hubiese algún inquilino de vivienda pendiente de desalojo, se descontaría del precio las cantidades que para cada una de las viviendas se detallan en el Anexo 4. No obstante lo anterior, en caso de que el importe resultante de la suma de las cantidades a descontar sea superior al señalado en el Anexo 3 para cada uno de los edificios (indemnización máxima por edificio), **EMVS** se reserva el derecho de desistir del negocio individualmente por edificio que se encuentre en este supuesto, devolviendo a **RENTA CORPORACIÓN** las cantidades entregadas en concepto de prima. En caso de que **EMVS** haga uso de tal facultad de resolución, **RENTA CORPORACION** podrá: I) aceptar tal resolución sin que proceda

8

El contrato lo firmaban el consejero delegado y apoderado de la Empresa Municipal de la Vivienda y Suelo de Madrid (EMVS), Fermín Oslé, y los representantes del grupo inmobiliario Renta Corporación, especializado en la adquisición, rehabilitación y venta de inmuebles ubicados en lo que la misma empresa define como «localizaciones *prime* de grandes ciudades». Por mantener esa opción de compra, la inmobiliaria entregó al consistorio 300.000 euros y 63.000 más en impuestos y se comprometía a pagar hasta 21 millones de euros si el Ayuntamiento conseguía desalojar las viviendas. Esa operación nunca se llegó a cerrar ante la resistencia de los vecinos a abandonar sus inmuebles. «Al no cumplirse lo pactado en la *due dilligence* —explica el grupo inmobiliario— se renunció al contrato ante el conflicto social al que dio lugar y que podía generar».

Sin embargo, la operación es representativa de una categoría de fondo: la de las presiones a favor de esos grupos inversores por parte de organismos públicos, hasta el punto de que los vecinos de inmuebles como ese han llegado a constituir plataformas, como «Yo no me voy», que han denunciado al Ayuntamiento de Madrid por acoso inmobiliario.

## GANADORES FRENTE AL GOBIERNO

Esos fondos buitre han ganado la partida inmobiliaria en general pero han arrasado en una muy particular: la de la compra de edificios oficiales.

Ante las penurias económicas a las que hacía frente el Gobierno, el 8 de mayo de 2012 el Ejecutivo reunió al Pleno de la Comisión de Coordinación Financiera de Actuaciones Inmobiliarias y Patrimoniales y aprobó un plan de venta de edificios públicos bautizado como «Plan de Racionalización del Patrimonio Inmobiliario de la Administración General del Estado». Ese programa*, conocido entre los suyos como «la desamortización de Mariano Rajoy», ha terminado siendo un fracaso absoluto y una oportunidad de lucro más que notable para fondos buitre que han adquirido edificios históricos a precios irrisorios en las pocas operaciones que sí se han conseguido cerrar.

Cuando se anunció la desamortización, la Administración del Estado cifró en 53.662 los bienes inmuebles que poseía: 13.952 edificios, 3.756 solares y 39.953 terrenos rústicos. El Gobierno sacó a la venta 15.135 inmuebles a los que colgó el cartel de «se vende» para cerrar operaciones entre 2013 y 2015. Dos años después las operaciones que realmente se han cerrado han sido 2.134, de las que 1.587 lo fueron mediante subasta o concurso público y otras 547 por venta directa. Pese a los anuncios de transparencia, las cifras no son públicas y solo han podido ser conocidas tras la exigencia de

* http://www.minhap.gob.es/Documentacion/Publico/D.G.%20PATRIMONIO/Plan%20de%20ventas%20del%20Estado/INTRODUCCION%20PROGRAMA%20PARA%20LA%20PUESTA%20EN%20VALOR%20DE%20LOS%20INMUEBLES%20ESTATALES.pdf

los partidos de la oposición en pregunta parlamentaria firmada por la portavoz de Unión Progreso y Democracia (UPyD), Rosa Díez.

## GANADORA EFÍMERA: LA TRANSPARENCIA

La transparencia ha sido una ganadora efímera en la batalla de los desahucios. Ante la magnitud del problema, el Banco de España comenzó a elaborar una estadística sobre la evolución del tema en 2013 que mantuvo durante el primer año y que reveló que las cifras del Ejecutivo infravaloraban con mucho la magnitud del problema. Entonces, el regulador del sistema bancario justificó la publicación de datos con el argumento de que era necesario «proporcionar datos estadísticos sobre esta materia, que entonces eran casi inexistentes», aseguraba el Banco de España en su boletín. En su segundo año de vida la entidad ha anunciado que pretende dejar de elaborar su estadística.

El argumento para desmantelar ese indicador resulta chocante. Pese a que el Banco de España hace estudios y previsiones redundantes con las del Gobierno, los servicios de estudios de toda la banca y el Instituto Nacional de Estadística en multitud de indicadores desde el crecimiento económico hasta la demanda de los consumidores, en materia de desahucios el regulador considera ahora que puede haber demasiada información y que en el último año «se han producido avances notables en la disponibilidad de información pública sobre ejecuciones hipotecarias».

Quienes declararon que la luz que arrojaba el organismo representaba una victoria frente a la propaganda descubren ahora que pueden haber disfrutado de una victoria efímera. Aparentemente, hay *demasiada luz* sobre el tema de los desahucios.

IV

# El oligopolio: ¿quién se ha llevado mi banco?

A comienzos de la década de 1980 siete bancos se repartían plácidamente la tarta del crédito y el sistema financiero en España. Eran los llamados «siete grandes»: Banesto, Central, Hispano, Bilbao, Vizcaya, Santander y Popular, que gozaban de una situación de verdadero oligopolio con una competencia muy relativa entre ellos. En un segundo plano y a cierta distancia, completaban el mapa bancario español de la época el Banco Exterior, de capital mayoritariamente público, y pequeñas entidades que buscaban nichos de mercado especializados o muy localizados desde el punto de vista geográfico. Los siete grandes se hicieron mayores todavía comprando entidades competidoras y aumentando su poder. Así ocurrió, en 1983, con los bancos de Rumasa expropiados por el Estado y repartidos entre los siete grandes, o con una treintena de otras entidades que habían pasado por el Fondo de Garantía de Depósitos para ser «saneadas y vendidas». Por su parte, Banesto y Banco Central compraron la Banca Coca y el Banco Ibérico respectivamente para reforzar su tamaño.

La entrada de España en la Comunidad Económica Europea —hoy Unión Europea— en junio de 1985 rompió este mapa y forzó a los bancos a ganar todavía más tamaño e intensificar la competencia. Lo primero se hizo intentando comprar dentro del selecto grupo de los siete. Así, el Bilbao trató de adquirir Banesto y finalmente optó por una alianza con el Vizcaya para crear el primer banco del país, el BBV, lo que dio origen a un movimiento de concentración de la banca todavía mayor. Por su parte, La Caixa integró a la Caja de Barcelona (la tercera de Cataluña) y otras muchas cajas regionales comenzaron también a fusionarse dando lugar hasta a 40 entidades de tamaño medio. Entre los gigantes, la fusión clave fue la protagonizada por los bancos Central e Hispano Americano, que en 1991 pasaron a ser el primer grupo bancario de España.

Pero el aumento de la competencia real entre la banca llegó con un nombre propio: Emilio Botín, quien, consciente de lo que supondría la llegada de firmas internacionales al país, inició una guerra comercial por ganar clientes. El Santander robó ahorradores a los otros bancos con su «supercuenta». Gracias a ello creció lo bastante para comprar, en 1999, el Central Hispano y forzar al BBV a seguir en la carrera comprando Argentaria y dando lugar al BBVA.

En 1999 en el mercado se abría una feroz competencia por los clientes que llevaba a los bancos a competir con créditos baratos —favorecidos por los tipos ya de por sí bajos que fijaba el Banco Central Europeo para impulsar la Unión Europea— y a multiplicar los préstamos y la expansión económica.

Pero la gran recesión ha devuelto a la gran banca a 1980. El pasado ha vuelto y el oligopolio también. Y ese regreso al pasado no es fruto de un accidente, sino de un diseño voluntario dirigido por el Ministerio de Economía. Su titular, Luis de Guindos, defendía desde su despacho en el Paseo de la Castellana de Madrid, cuando llegó al Ejecutivo en 2012, un modelo para España similar al del mercado británico. En el Reino Unido, cinco entidades tienen una tasa de concentración del negocio bancario del 80 por ciento. A día de hoy son seis las entidades españolas que aglutinan tres de cada cuatro euros de los depósitos bancarios en un proceso que el titular de la cartera de Economía defiende como de «racionalización del sector» y que se ha traducido en que la banca en nuestro país ha pasado de tener unos 40 jugadores a contar con, fundamentalmente, seis.

Los «seis grandes» —como «los siete» de la década de 1980— son los verdaderos ganadores de la crisis porque, en términos sencillos, el Estado les ha pagado por terminar con sus competidores. Con la «racionalización», Santander, BBVA, CaixaBank, Bankia, Sabadell y Popular han llegado a ganar hasta 26 puntos de cuota en el mercado de los créditos y 33 en el de los depósitos, según los datos que las propias entidades remiten al Banco de España.

## ASÍ SE GESTÓ EL REPARTO DEL MERCADO

Durante los años del *boom* los bancos apostaron de manera descabellada por el crédito inmobiliario. Entre 1997 y 2007 el crédito hipotecario concedido creció a un ritmo medio anual del 22,3 por ciento y el ladrillo pasó a representar un 60 por ciento del dinero total que prestaban los bancos desde el 39,7 por ciento. Cuando llegó la crisis económica, esta gula constructora desembocó en indigestión. A partir de 2007 la crisis inmobiliaria fue de tal calibre que el suelo comprado en los años de bonanza, especialmente desde 1992, pasó a no valer nada y, de media, las casas financiadas se depreciaron entre un 20 y un 40 por ciento. Los bancos empezaron a dejar de cobrar letras astronómicas porque los salarios ya no las sostenían y en muchos se produjo una situación de insolvencia de facto, pese a que el presidente Zapatero aseguró el 11 de septiembre de 2007 que España jugaba «en la Champions League de la economía mundial» y en enero de 2008 aún aseguraba que «la crisis es una falacia, puro catastrofismo».

El discurso político es relevante porque si no había crisis, tampoco había necesidad de buscarle soluciones y la excusa se sostuvo durante los primeros años de sacudida económica. Así, entre 2008 y 2010, la respuesta para sanear el sistema bancario fue fusionar entidades, tal y como se había hecho en 1980: aumentar de tamaño con la esperanza de ganar solvencia. El discurso político también es relevante porque muchas cajas de ahorro respondían con sus acciones a directrices derivadas de cuotas de control político a las que ni los partidos ni los gestores querían renunciar. Por eso, entre 2008 y 2010 surgieron las llamadas «fusiones frías» o SIP (sistema institucional de protección), con las que las cajas mantenían sus marcas, su diseño jurídico y su independencia económica mientras conseguían ahorrar fondos con redes informáticas y de servicios comunes. En la práctica, se pretendió achicar el agua del buque bancario con un vaso. Un alto responsable del Santander criticaba entonces la idea con un viejo aforismo: «Dos pobres no suman un rico».

## PROFECÍA CUMPLIDA

Esa cronología explica por qué, cuando la crisis bancaria se desbordó en España, la llamada a los grandes bancos y a quienes todavía conservaban su solvencia permitió a algunos de esos grandes sentarse a una mesa de negociación en una posición de fuerza y ganar cuota de mercado. A partir de 2010 y del Real Decreto Ley 2/2012, cuando se dictó la reestructuración del sistema bancario, los grandes comenzaron a absorber oficinas, clientes, ahorros y crédito de los bancos enfermos respondiendo al plan trazado por el Ministerio de Economía. Esa tendencia se aceleró con el rescate bancario que el Gobierno pidió a la Unión Europea. El memorando que firmó el Ejecutivo en julio de 2012 detallaba explícitamente que la concentración era un objetivo al incluir la frase: «Las fusiones permiten abordar el problema del exceso de capacidad en el sector».

En febrero de 2013 el presidente del BBVA, Francisco González, y en abril el director general del Santander, Enrique García Candelas, coincidieron en sus análisis del mercado: «La concentración de casi tres cuartas partes del mercado en manos de los tres mayores bancos del país es inminente. Se va a producir de forma más rápida de lo que espera el mercado. Y habrá más oportunidad de ganar dinero», aseguraba el segundo.

La profecía se cumplió de forma inmediata. En 2009 existían 45 cajas de ahorros en España, que dominaban la mitad del mercado minorista (el 50 por ciento de los depósitos). A finales de 2013 apenas quedaba media docena. Antes de la «racionalización» diseñada por el Gobierno, esas 45 entidades tenían un tamaño medio de 29.440 millones de euros cada una, según los datos de Funcas, mientras que en 2012, juntas apenas sumaban 90.830 millones de euros, es decir, en apenas tres años desapareció el 93 por ciento de las cajas de ahorros del país.

**Número de entidades de crédito y sucursales bancarias en España**

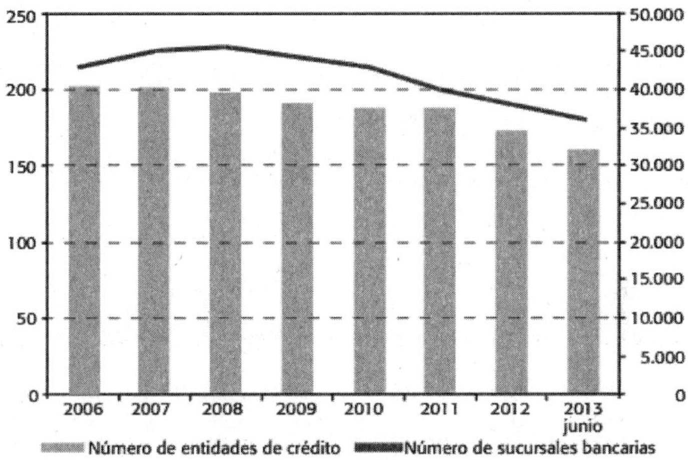


Fuente: Banco de España y Funcas, profesor Joaquín Maudos.

Por el contrario, en apenas tres años, los seis grandes pasaron de controlar el 46 por ciento de los créditos que se concedían en España al 72 por ciento, según los resultados que las propias entidades remiten al Banco de España, y de tener el 38 por ciento a controlar el 71 por ciento de los activos depositados en las entidades bancarias. Dicho de otro modo, los seis grandes se hicieron con el mercado de la banca.

**La concentración del negocio bancario**

Cuota de mercado de Santander, BBVA, CaixaBank, Bankia, Sabadell y Banco Popular

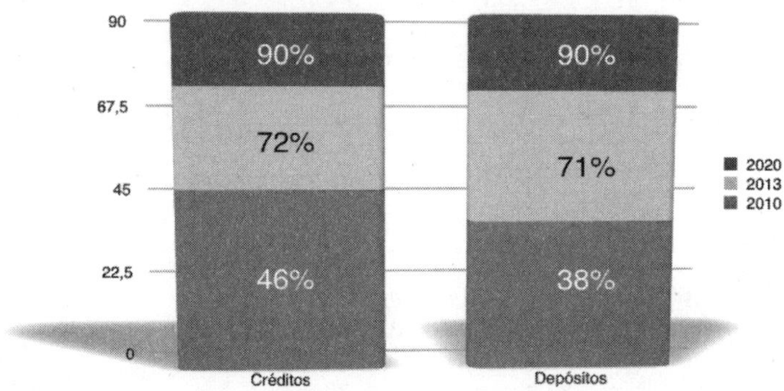


Fuente: Banco de España.

Los seis grandes han capeado la crisis bancaria eliminando a sus competidores, pero incluso dentro de ese grupo hay un podio de grandes triunfadores: según los datos del Banco de España, BBVA, Santander, CaixaBank y Bankia aglutinaban el 66,58 por ciento del sector financiero por volumen de activos al cierre de 2013. Ellos son los ganadores entre los ganadores. La proyección de los propios bancos es que en los años en los que todavía sean factibles consolidaciones futuras, los seis grandes puedan llegar a controlar el 90 por ciento del volumen de créditos y depósitos del país.

Hasta ahí, el relato podría ser el de una historia de la supervivencia de los más fuertes en el mercado o la de los grandes que engullen a los pequeños, si no fuera por un detalle mayúsculo: los más fuertes han cobrado 33.000 millones de euros de dinero público por terminar con su competencia.

## 33.000 MILLONES POR TERMINAR CON LA COMPETENCIA

Antes de que comenzara el reparto de entidades, las arcas públicas gastaron 61.366 millones en sanear las entidades en apuros mediante inyecciones de capital. Se trataba de cubrir los agujeros que presentaban algunas entidades caídas para permitirles seguir en pie. Así, 22.485 millones de euros se destinaron a Bankia; 12.052 a Catalunya Caixa; 9.052 fueron para Novagalicia; 5.500 para Banco de Valencia; 5.249 se destinaron a Sabadell CAM; 1.650 a Liberbank; 1.645 a Marenostrum; 953 a Unnim, y 604 a Caja Duero. De la promesa del presidente del Gobierno, Mariano Rajoy, de que el rescate bancario «no costaría un duro a los españoles» se pasó a reconocer que el Frob no recuperaría la mayor parte del dinero invertido en la banca.

Sin embargo, después de haberlas saneado, los españoles pagaron una segunda factura que sirvió para constituir un oligopolio bancario. En total, los fondos públicos aportaron otros 33.000 millones de euros en los llamados esquemas de protección de activos (EPA) que, básicamente, eran garantías para que los grandes nombres que adquirían a sus rivales no perdieran dinero bajo ningún concepto. Los EPA garantizaban que si los clientes de los bancos reflotados no podían pagar sus créditos a los compradores, el Estado lo haría.

- El Sabadell compró la CAM por un euro. A cambio recibió un esquema de protección de activos que podía llegar a suponer hasta 16.610 millones de euros. El Estado asumiría hasta el 80 por ciento en caso de impagos en su cartera hipotecaria durante diez años. Ernst and Young estimaba que «solo» sería necesario compensar al Sabadell con 5.500 millones, mientras el banco hablaba de unos 8.200. El Sabadell fue el único banco que acudió a la puja y consiguió convertirse en la quinta entidad del país, superando al Popular y definiendo el modelo que seguirían las adquisiciones posteriores: una puja sin demasiada competencia y el cobro por comerse a uno de sus competidores.

- BBVA ha recibido dos inyecciones de fondos por quedarse con su competencia que suman casi 5.000 millones de euros. Cobró en marzo de 2012 un primer EPA de 4.400 millones por adquirir Unnim —la alianza integrada por Caixa Sabadell, Caixa Terrassa y Caixa Manlleu— en la que el Estado pagaría lo que no pagaran ocho de cada diez deudores de la caja durante los diez años siguientes. Para el BBVA la operación supuso crecer un 10 por ciento en tamaño al precio de un euro. En un segundo momento BBVA adquirió también Catalunya Caixa, entonces Catalunya Banc, en una operación por la que el banco azul pagó 600 millones de euros netos y el Estado se apuntó unas pérdidas de 11.839 millones de euros. A cambio, ambas operaciones extendieron la presencia del banco en una de las autonomías en la que BBVA necesitaba crecer.

- CaixaBank ha cobrado 4.350 millones por digerir el Banco de Valencia tras haber pagado un euro por esa entidad. Este caso resulta especialmente llamativo porque el Estado dio a la caja catalana más dinero incluso del que los auditores reclamaban para el banco valenciano. Oliver Wyman solicitaba 3.462 millones de euros para sostener la entidad, pero La Caixa recibió unos 1.000 millones más con el argumento oficial de que la entidad no podía sostenerse por sí misma.
- Liberbank ha cobrado 2.475 millones de euros por integrar la primera de las cajas intervenidas, Caja Castilla-La Mancha. El esquema de protección de activos garantizaba a la entidad el repago de una cartera de créditos de 6.000 millones de euros con los que Caja Castilla-La Mancha engordó el balance de la entidad que la compraba.

- Kutxabank ingresó 392 millones de euros por hacerse con Caja Sur. La entidad vizcaína, entonces bajo las siglas BBK, en julio de 2010 sumaba 392 millones de euros en un EPA para sufragar durante cinco años las pérdidas derivadas de una cartera de crédito de 5.500 millones de euros, en su mayoría préstamos a promotores.

La banca argumenta que las entidades han asumido parte de los gastos del rescate, ya que el Fondo de Garantía de Depósitos (FGD) —pagado por los propios bancos— aportó una porción de la factura. El único problema con ese argumento son las cifras: el FGD aportó unos 3.000 millones del total de 33.000 que constituyeron el apoyo público. Si aceptamos esa lógica, los ciudadanos han pagado nueve de cada diez euros de una cuenta que se ha saldado con menos oficinas, menos empleados y menos competencia.

El resultado de esa concentración no es fruto de un accidente de mercado, sino de un plan premeditado que se ha ejecutado en muchos países de Europa. La banca europea también ha salido ganando con la crisis pero la victoria ha sido especialmente amplia en nuestro país.

## LA COMPARACIÓN CON EUROPA

Los analistas de la banca manejan dos instrumentos para medir el poder acumulado por los grandes nombres financieros: el grado de concentración o *Concentration Rate* de las cuotas de mercado de las cinco (CR5), tres (CR3) o seis ( CR6) entidades de mayor tamaño. La concentración de la banca ha aumentado en España un 25 por ciento frente al resto de la Unión Europea de los 15, donde ese poder de mercado se ha reducido un 9 por ciento, según los datos de Joaquín Maudos para Funcas, la Fundación de Cajas de Ahorros. Pero los analistas disponen además de un segundo indicador aparentemente arcano llamado «índice de Herfindahl», que mide no solo las grandes, sino todas las entidades del mercado. Según este baremo, en España la concentración bancaria ha aumentado un 42,5 por ciento, mientras en la UE-15 apenas subía un 2 por ciento.

Según los datos de la Federación Europea de Banca, España ostenta el dudoso honor de ser el tercer país que más entidades bancarias ha cerrado en todo el territorio europeo. Con una economía mucho menor que la de las grandes potencias europeas, España ha conseguido superar a Francia, Italia o Reino Unido en concentración bancaria. Solo Chipre (donde han cerrado 36 bancos) y Alemania (donde han caído 27 entidades) han vivido una centralización del sector bancario mayor que la española, donde 24 bancos dejaron de existir en 2013, el último año contabilizado.

Número de instituciones de crédito en la Unión Europea

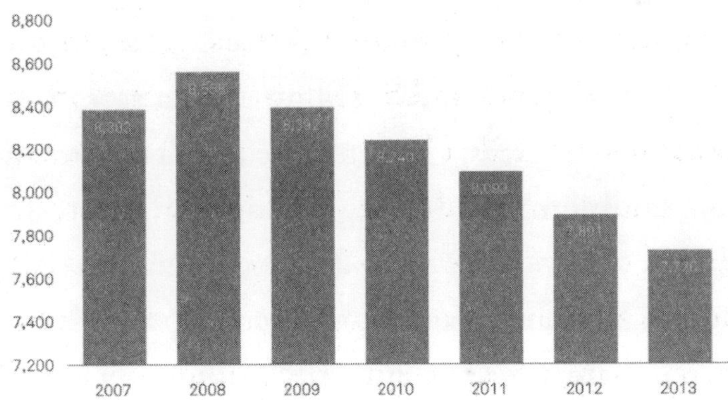


Fuente: FBE.

Sin embargo, la situación española sigue beneficiando a los grandes bancos. Mientras en Alemania las cinco grandes entidades del país únicamente controlan el 33 por ciento del mercado financiero, en España esa tasa ronda el 80 por ciento. Dicho de otra manera, la competencia suele responder a las decisiones que los cinco grandes toman en Berlín o Fráncfort. En España, las decisiones que se adoptan en Madrid o Barcelona simplemente no tienen competencia con capacidad de respuesta.

Por supuesto, España también ocupa una posición privilegiada dentro del ranking europeo si lo que se mide es la cantidad de empleo destruido. En 2013 ocupaba el quinto lugar en el podio, con 210.000 puestos de trabajo eliminados en el sector bancario en un solo año.

El índice de Herfindahl no es una rareza oscura para analistas, sino un instrumento de medición también para los reguladores. En Estados Unidos, autoridades como la Reserva Federal y las encargadas de regular la competencia bancaria utilizan la llamada regla 200/1.800, según la cual si se pierden más de 200 puntos de competencia con una fusión, esta se deniega y si aumenta el poder de una entidad más de ese nivel de 1.800, también. Dado que la decisión de aumentar el poder de la banca es política, el regulador español ha optado por cerrar los ojos a esa realidad: en España, en 27 de las 52 provincias las fusiones violan ese umbral de concentración excesiva, es decir, que en la mitad del territorio español las absorciones bancarias deberían haberse prohibido. De hecho, en ocho provincias (Almería, Cádiz, Girona, Guadalajara, Huelva, Ourense, Santa Cruz de Tenerife y Sevilla) el aumento de concentración duplica ese umbral y en tres (Huelva, Santa Cruz de Tenerife y Sevilla) lo triplica, según los cálculos de Maudos. Si la medición se hace por autonomías, en 10 de las 17 comunidades autónomas españolas deberían haberse prohibido absorciones bancarias por reducir excesivamente la competencia. Cantabria, Navarra y Galicia han terminado siendo las autonomías en las que menos competencia existe y sus ciudadanos sufren una dependencia mayor de la política que dicte una determinada entidad.

## Concentración por provincias del mercado bancario español según el índice de Herfindhal

a) Concentración superior a 1.800 puntos en 2012

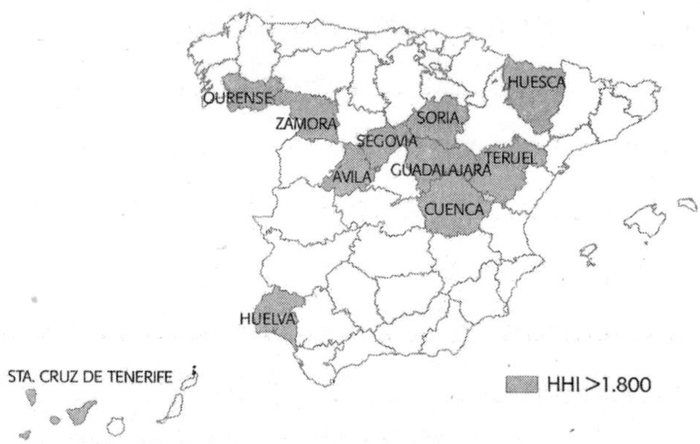


b) Aumento superior a 200 puntos de 2008 a 2012

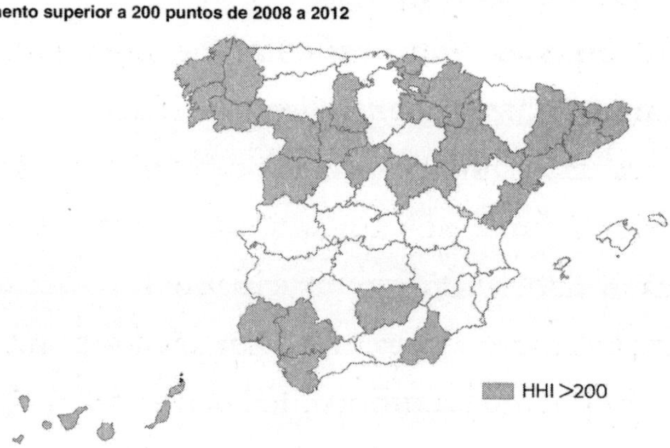


Fuentes: AEB, CECA, UNACC y elaboración propia.

El resultado es tan obvio que, si se mide su número de oficinas, en algunas provincias españolas una única entidad financiera acapara casi la mitad del mercado. Así, en tres de ellas, Ávila, Ourense y Segovia, una sola entidad tiene más del 40 por ciento del mercado, concluye Funcas. Bankia reina en Ávila y Segovia y Novagalicia domina Ourense.

Casi tan sorprendentes como los datos ha sido su falta de eco público. La mayoría de medios de comunicación ha ignorado las alarmantes señales que apuntan a la creación de un oligopolio, quizá porque esos mismos bancos son la única vía de obtener liquidez en un momento de dificultades económicas en la prensa. Ni siquiera las advertencias del Banco de España han sido recogidas en los grandes diarios. Solo un enfoque ha tenido cabida en las páginas de bolsa: el que anunciaba lo rentable que resulta invertir en banca española. Sin duda así ha sido.

El poder concedido a los bancos para eliminar a sus competidores tiene una consecuencia lógica y clara: con mayor cuota de mercado y menor competencia, los beneficios de las entidades suben, y ese incremento de márgenes se traduce en una mayor rentabilidad en la bolsa. Tal y como cabía esperar, la lógica de ese dominó se ha impuesto ficha a ficha en los mercados. Mientras el retorno de las acciones bancarias en países como Alemania fue negativo y en la Unión Europea se registraron pérdidas bursátiles en 2008, 2011 y 2012, los bancos españoles han sido más rentables que sus rivales europeos año tras año. La única excepción es 2012, tras una salida a bolsa como la de Bankia que está en los tribunales por presunta estafa, que los peritos del Banco de España cifran en torno a los 3.092 millones de euros.

La rentabilidad de la banca española

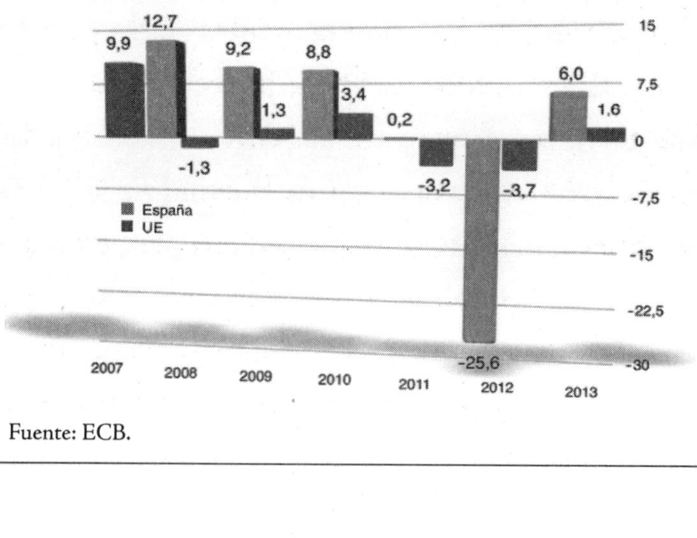


Fuente: ECB.

Los grandes bancos y sus dueños son los ganadores indiscutibles de la crisis. Quienes ayer tenían el poder del dinero, hoy son todavía más poderosos. Pero pensar que esa victoria les ha salido gratis resulta casi ingenuo. Los poderes financieros han tenido que pagar un precio a los segundos ganadores de esta crisis: los gobiernos a los que han financiado.

## LOS OTROS GANADORES: ZAPATERO Y RAJOY

La monstruosa deuda en que se ha embarcado el Estado español todavía no ha terminado de crecer. Al comienzo de 2015, el endeudamiento público superaba ya el billón de euros y rozaba el cien por cien del PIB, es decir, del tamaño de la economía española. Durante los años de la crisis, los diferentes gobiernos han tenido que pedir dinero prestado para pagar sus políticas de rescates e inversiones porque el funcionamiento ordinario de la economía española seguía perdiendo dinero año tras año, es decir, arrastrando un déficit que los ejecutivos han intentado atajar mediante recortes de los servicios públicos. En términos económicos, esas han sido las dinámicas de la economía española en los últimos años. En términos políticos, la montaña de deuda en que ha incurrido el gobierno de Mariano Rajoy es una auténtica contradicción para quien se presentó a las elecciones con el argumento de que «habíamos vivido por encima de nuestras posibilidades».

Pero, sobre todo y en términos prácticos, un billón de euros de crédito significa que el actual Gobierno deja a las generaciones futuras una deuda que llevaría más de cinco décadas pagar manteniendo un ritmo de recortes similar al de los últimos años. Los jóvenes españoles son los que han avalado los créditos que sigue pidiendo el Gobierno, pero han sido los bancos, a los que el Ejecutivo ha permitido aumentar su poder, los que han extendido ese crédito.

La manida queja de que, desde que comenzó la crisis, el crédito no llegaba a las familias y a las pymes olvida que, en realidad, el crédito sí fluía, pero se lo bebían las Administraciones Públicas.

Aunque ha crecido menos en los últimos años, según los datos del Banco de España, el Gobierno, las autonomías y los entes públicos han visto cómo su crédito aumentaba a ritmos de dos dígitos en 2012, cuando creció un 19,8 por ciento, un 8,4 en 2013 y un 7 en 2014. Mientras tanto, los préstamos a las familias se seguían reduciendo hasta un 5,1 por ciento y más del 6,5 por ciento para las pymes y el resto de empresas.

La conclusión es muy clara: los bancos sí han concedido créditos a lo largo de la crisis, pero sus clientes no han sido ni las familias ni los empresarios, sino los gobiernos públicos, que han percibido miles de millones de euros.

El Banco Central Europeo ha intentado inyectar dinero a los bancos con créditos prácticamente gratuitos para que estos, a su vez, prestaran a familias y empresas. Una teoría que ha descarrilado en la práctica, porque el destino último de esos préstamos han sido los gobiernos. De hecho, los bancos españoles han acudido a las inyecciones de liquidez del Banco Central Europeo pero reconocen al regulador español en su «Encuesta sobre préstamos bancarios»

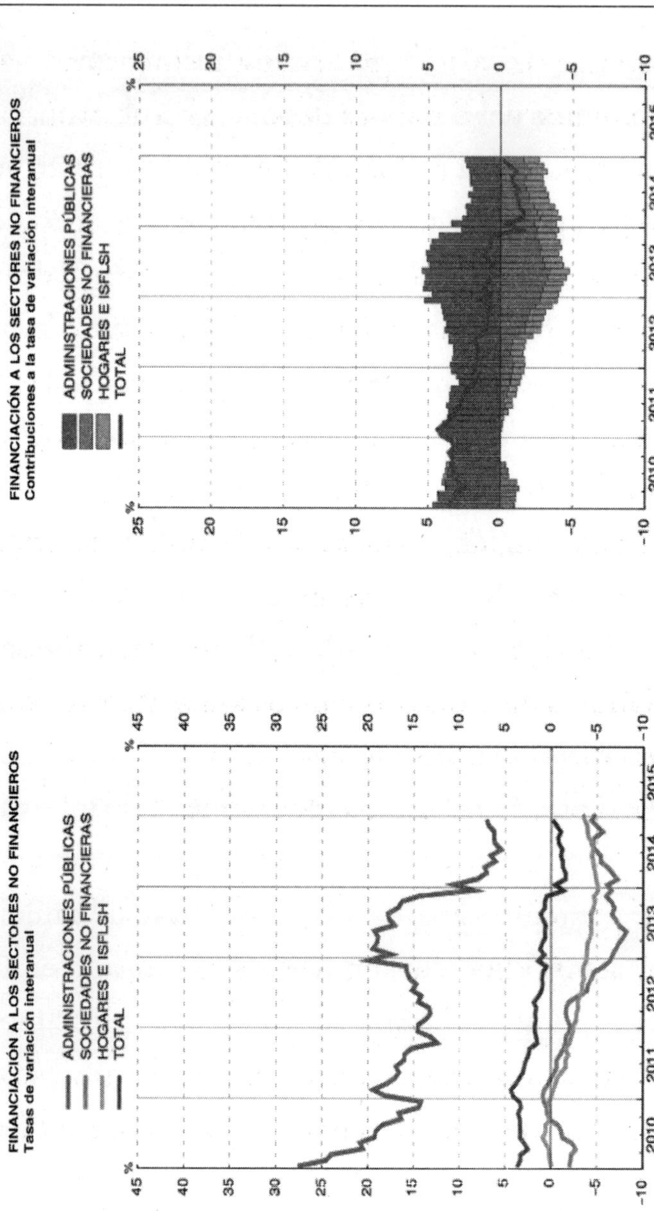
FINANCIACIÓN A LOS SECTORES NO FINANCIEROS
Tasas de variación interanual
ADMINISTRACIONES PÚBLICAS
SOCIEDADES NO FINANCIERAS
HOGARES E ISFLSH
TOTAL
FINANCIACIÓN A LOS SECTORES NO FINANCIEROS
Contribuciones a la tasa de variación interanual
ADMINISTRACIONES PÚBLICAS
SOCIEDADES NO FINANCIERAS
HOGARES E ISFLSH
TOTAL

Fuente: BE.

hasta enero de 2015* que esas inyecciones «no habrían influido en su política de concesión de crédito». Esto indica que el problema del crédito no está en quién lo concede, sino en quién lo recibe y con qué garantías. La solvencia y los favores de un gobierno son armas con las que ni familias ni la mayoría de las empresas pueden competir. Eso ha convertido al ejecutivo de Rajoy en cliente preferente de los bancos.

La estadística corrobora la máxima de que «correlación no significa causa». Existe una correlación clara entre la mayor concesión de crédito al Gobierno por parte de los bancos y la permisividad de los reguladores para que los bancos aumenten su concentración y su poder. A criterio del lector queda juzgar si una cosa ha causado la otra.

## PERDEDORES FRENTE A LOS SEIS GRANDES

Esos seis grandes son, a día de hoy, dueños no solo del mercado del dinero en nuestro país, sino también

* http://www.bde.es/webbde/es/estadis/infoest/htmls/articulo_epb.pdf

de medios de comunicación y líneas de opinión. Por eso, se ha investigado poco y se ha reivindicado todavía menos a los perdedores de la concentración bancaria. Aunque el tema central de este libro son los ganadores de la crisis, quizá este punto requiera también unas líneas para quienes perdieron porque la batería de derrotados que ha dejado el nuevo oligopolio es sorprendentemente poco conocida.

La concentración ha tenido 43.348 perdedores directos. Son los empleados de la banca que han perdido sus puestos de trabajo en el sector financiero español en un proceso de recorte de empleo que no se cerrará hasta 2017, cuando la cifra de despedidos ascenderá a 52.000. También en este terreno el recorte de plantillas responde a una decisión política impuesta por las autoridades europeas y recogida en el MOU (*Memorandum of Understanding*), documento por el que se acordaba el rescate. El resultado es un sector que tiene a día de hoy el mismo número de empleados que la España de la década de 1970 y que ha pasado de los 270.855 trabajadores de 2008 a unos 218.000 en la actualidad. Al contrario que las cúpulas empresariales

—tal y como veíamos en el capítulo 1—, los contratos de los trabajadores de la banca han sido rescindidos con las facilidades de la nueva reforma laboral, que permite indemnizaciones de 20 días por año trabajado.

Los trabajadores del sector financiero son víctimas fundamentales de un proceso de concentración que se ha repartido con distinta intensidad entre las diferentes firmas. Entre los empleados de banca más perjudicados están los trabajadores de Bankia, con una baja de plantilla de 6.000 personas resultado de un expediente de regulación de empleo (ERE) de 4.500 personas y de bajas voluntarias incentivadas. También del traspaso de trabajadores a otras empresas: los empleados del City National Bank of Florida (unos 500) han pasado a ser trabajadores del chileno Banco de Crédito e Inversiones y otros 100 se han incorporado a IBM. La medalla de plata de los recortes es para el Grupo BMN, el segundo que más empleados ha recortado, ya que su plantilla ha pasado de 8.600 trabajadores a unos 4.500, casi un 50 por ciento menos; asimismo, ha traspasado trabajadores a otros grupos a los que ha vendido sucursales. La medalla de bronce la disputan de cerca Novagalicia, con un ERE de 2.058 trabajadores, y el Banco Sabadell, que planteó inicialmente un expediente de regulación de empleo de 2.200 personas pero que ha reducido el número a 1.250 en forma de prejubilaciones y bajas incentivadas, a las que se suman otras 400 resultado de regulaciones temporales de empleo.

Esa reducción de empleos ha corrido paralela a un cierre sin precedentes del número de oficinas, que también ha supuesto que miles de clientes hayan perdido su banca de proximidad. El acuerdo firmado por el Gobierno con las autoridades europeas obligaba a los bancos en apuros a adelgazar un 60 por ciento sus balances antes de 2017 y a cerrar buena parte de su red de oficinas. Como resultado, muchos de los edificios que antes albergaban sucursales han quedado vacíos y sus clientes se han visto obligados a buscar una entidad más lejos de su residencia.

De nuevo, BFA-Bankia ha sido quien más ha reducido el número de su red de oficinas, puesto que el acuerdo de recortar entre el 30 y el 40 por ciento de sus sedes entre 2012 y 2017 fue posterior a una primera ronda de cierres en 2010. Como resultado, BFA-Bankia ha clausurado casi la mitad de sus sucursales. Si en lugar de medir el número absoluto de sucursales cerradas, se mide el porcentaje de las desaparecidas, entonces Novagalicia ostenta la medalla de oro, puesto que su compromiso de cerrar entre el 40 y el 50 por ciento de sedes entre 2012 y 2017 se suma a un recorte anterior puesto en práctica desde 2010. En total, ambos procesos de ajuste suponen que siete de cada diez oficinas de la red gallega han desaparecido del mapa, dejando a la marca con un compromiso de no superar las 500 sucursales en 2017. Catalunya Banc es la segunda que más porcentaje de red ha clausurado, entre el 50 y el 60 por ciento de sucursales desde 2010, mientras que la medalla de bronce se la disputan BMN —obligada a reducir entre un 40 y un 50 por ciento su red, con la obligación de cerrar en Cataluña y Aragón— y Ceiss, cuya red comercial menguará en los próximos dos años entre un 30 y un 40 por ciento, restringiendo su área de actividad a Castilla y León y a Cáceres, con presencia mínima puntual (20 oficinas) en Madrid. A mucha distancia queda Liberbank, que se ha comprometido a cerrar entre un 5 y un 10 por ciento de su red de oficinas.

## ¿Y EL PEQUEÑO CLIENTE?

En la práctica estas cifras significan que muchas localidades pequeñas han perdido su banco y que los vecinos de las poblaciones españolas menos pobladas han visto desaparecer la posibilidad de llevarse sus ahorros a la competencia porque esta no existe. Desde el punto de vista de los ciudadanos, la banca de proximidad es la última víctima de esta reorganización dictada desde el poder.

Los más perjudicados son los pequeños municipios catalanes de la provincia de Barcelona, donde se han esfumado 423 sucursales (el 9,58 por ciento del total), y de Girona, donde han desaparecido el 14,89 por ciento de las entidades que antes operaban sobre el terreno. Los índices que utilizan los reguladores estadounidenses alertan que en siete provincias (Ávila, Cantabria, Girona, Huesca, León, Tarragona y Toledo) se ha cruzado un umbral peligroso de falta de competencia.

La segunda pérdida para el cliente y para los sectores más necesitados de la sociedad en su conjunto la constituye la desaparición de la obra social de las cajas de ahorro. El nacimiento de las cajas en España tenía por objeto esa asistencia social mediante los Montes de Piedad. Sin embargo, cuando han comenzado los recortes, esa asistencia ha sido lo primero de lo que se ha prescindido y han caído centros de ayuda, becas y una infinita variedad de vías de devolver parte de las ganancias a la comunidad. Así, en 2008, la cuantía que las cajas destinaban a esa obra social era de 2.058 millones de euros. Tras la reestructuración del sistema financiero, ese importe se había recortado casi un 70 por ciento, hasta quedar en apenas 650 millones, es decir, el mismo que se destinaba hace unos veinte años. Solo La Caixa, convertida en banco con la nueva norma, parece haber conservado el grueso de su obra social.

Por último y sobre todo, el cliente no solo ha visto alejarse su banco, también la posibilidad de que otra entidad le pague más por sus ahorros y/o le cobre menos por sus créditos o le cargue menos comisiones. El análisis de los créditos refleja que —según los cálculos de Maudos para la Fundación de Cajas de Ahorro— España es el país de toda la Unión Europea en que las condiciones de crédito bancario más han empeorado.

Indicador de competencia por país: préstamos banca*

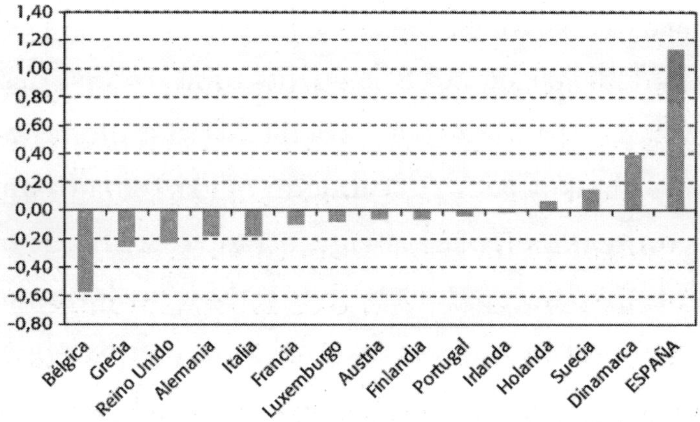


* Un dato positivo refleja un empeoramiento de los préstamos bancarios.

Fuente: Skopebank y Funcas, cálculos: Joaquín Maudos.

## LA PARADOJA DE BERTRAND

Si para 2007 había aumentado la competencia y se había reducido el grado de concentración, para el sector bancario la crisis ha supuesto un retroceso a la década de 1980 en términos de competencia, a la de 1970 en términos de plantilla y a principios de siglo XX en materia de asistencia y obra social.

Los ganadores son los grandes bancos, que se han hecho todavía más grandes. Se ha cuadruplicado el tamaño medio de las entidades y generalizado el número de «entidades sistémicas», es decir, de empresas que eran «demasiado grandes para caer» (*too big to fail*), precisamente lo que el FMI intentaba impedir de manera explícita. Pero las autoridades de la competencia en España han guardado silencio y las reflexiones sobre el tamaño de los bancos se han centrado, en su mayoría, para defender el proceso. Tanto es así que los informes técnicos de su patronal, la Asociación Española de Banca (AEB), e incluso los papeles de la Fundación de Cajas de Ahorro han comenzado a introducir el concepto de «competencia excesiva» en la banca para abogar por un menor número de jugadores en el sector financiero.

Más allá de la provocación intelectual que supone escuchar al sector más icónico del capitalismo defender el freno a la competencia, los argumentos técnicos se han refinado hasta el punto de apelar al duopolio (donde dos únicos operadores se reparten todo el mercado) como fórmula ideal, dando lugar a la competencia perfecta en lo que se conoce como paradoja de Bertrand. Mientras todo eso ocurría, el regulador que supuestamente vela por la defensa de los clientes ha atendido a otros intereses, permitiendo que, además de «la pasta», alguien se lleve también los «derechos» de los consumidores.

# V

# La ausencia de regulador: ¿Quién se ha llevado mis derechos?

Los españoles consumen gasolinas un 7 por ciento más caras que sus vecinos europeos, abonan facturas de gas, luz y teléfono mucho más elevadas —nuestro país tiene la segunda factura más cara de la Unión Europea por banda ancha— y pagan hasta un 18 por ciento más que el resto de europeos por sus hipotecas. ¿Cómo es posible que todo sea más caro en España? ¿Cómo se explica que bajen los salarios pero no los precios de los servicios? ¿Qué está fallando en un país que prometía una cruzada para «ganar competitividad» como vía para salir de la crisis?

La explicación vuelve a estar en un mercado en el que las empresas son fuertes y los consumidores débiles, es decir, en un sistema en el que algunas compañías ganan control de sectores en los que no hay competencia suficiente. Como resultado del reparto del mercado, los consumidores terminan pagando dos veces: primero, en sus facturas mensuales —más altas de lo que correspondería a un mercado operativo— y, segundo, con sus impuestos, porque tienen que compensar la carga fiscal reducida de dichas empresas. Para evitar esta clase de situaciones, los países disponen de árbitros que regulan el funcionamiento del mercado e impiden que prácticas anticompetitivas de las empresas amañen las reglas del juego. Ese regulador tiene como misión fundamental garantizar que el consumidor se beneficie de la competencia real entre empresas, es decir, que el mercado funcione.

En España el árbitro tiene un margen de maniobra cada vez menor, hasta el punto de ser descrito como un juez «con silbato, pero sin tarjetas rojas» en declaraciones de los responsables de la Comisión Nacional del Mercado y la Competencia (CNMC) a la revista *Alternativas Económicas**.

---

* *Alternativas Económicas*, 19 de noviembre de 2014.

La crisis ha supuesto una victoria clara para esas empresas y una derrota para el regulador, que ha perdido recursos y poderes. Lo que los expertos definen como «secuestro del regulador» ha significado, en términos prácticos, que este no defiende de manera diligente los derechos del consumidor, dando lugar a una situación de desequilibrio, en la cual algunas empresas tienen más control sobre los precios que fijan y los españoles pagan mensualmente facturas más elevadas.

## La liberalización de boquilla: empresas fuertes, árbitros débiles

Durante los últimos veinte años se han producido en España dos procesos paralelos de pulso entre las empresas y sus árbitros en los que esta crisis parece haber interferido definitivamente para mal. Las empresas han aumentado su concentración y su poder, mientras que sus árbitros han sido desarmados. Esta puede ser una de las consecuencias a largo plazo más nefastas para España de la gran recesión.

Desde el punto de vista empresarial, España acometió su primera oleada de privatizaciones bajo el gobierno de Felipe González, entre 1985 y 1996, cuando vendió su participación en empresas para acercarse a los criterios de convergencia que exigía Bruselas. En todas ellas el Estado mantuvo el control mediante lo que se denominó «acción de oro» que, en la práctica, le permitía vetar tanto políticas de esas compañías como ventas accionariales a otros grupos. Bruselas denunció ese mecanismo como irregular y terminó anulándolo, de forma que a partir de 1997 y hasta 2004, los gobiernos de Aznar llevaron a cabo una segunda oleada de privatizaciones que también intentaba mantener el control de las compañías privatizadas pero de otra manera: controlando a sus gestores. Para presidirlas, Aznar designó a personas de su círculo íntimo, dando lugar a lo que economistas como Joaquín Estefanía han definido como «un auténtico sector privado gubernamental» que «coloca en la presidencia de las todavía empresas públicas a personas de su máxima confianza para que terminen la privatización y se queden al frente una vez terminada esta. Muchos de esos capitanes de empresa no tenían experiencia de gestión en los sectores para los que fueron elegidos, sino que se les proporcionó su cargo por la cercanía ideológica o personal a los dirigentes de la derecha política. Derecha política y derecha económica»*. El objetivo era sostener lo que los economistas llaman «campeones nacionales», es decir, grandes empresas de bandera española que hacían difícil la competencia real pese a que oficialmente el sector se había liberalizado. Se ha producido, por tanto, una liberalización más de boquilla que de hecho.

Al mismo tiempo y frente al crecimiento de esas empresas, desde el punto de vista de la regulación, los gobiernos de diferentes países apostaron por aumentar los controles para vigilarlas. El Reino Unido, por ejemplo, creó la CMA *(Competition and Markets Authority)* que, con un presupuesto de 60,8 millones de euros, ha impuesto en tres años multas por valor de 593 millones a empresas que han abusado de su posición en el mercado. En España la

* http://elpais.com/diario/2010/12/12/domingo/1292128238_850215.html

introducción real de reguladores comenzó en 1989 con la creación del Tribunal y el Servicio de Defensa de la Competencia, cuyas capacidades y personal pronto demostraron ser insuficientes. Años más tarde se reforzó esa defensa de los consumidores en los sectores de la energía y las telecomunicaciones, donde las privatizaciones habían sido más extensas, de forma que en 1996 se creó la Comisión del Mercado de las Telecomunicaciones (CMT), y en 1998, la Comisión del Mercado de la Energía (CNE). Por fin, veinte años después, en 2007, se elaboró un libro blanco que tomó prestadas las experiencias de otros países y se creó un regulador todavía mayor: la Comisión Nacional de la Competencia (CNC), que ficharía a técnicos independientes del poder político y que denunció los abusos empresariales de ciertas firmas.

Los dos procesos de crecimiento de empresas y crecimiento de reguladores han corrido paralelos durante más de veinte años y en los últimos años habían empezado a dar como resultado un verdadero arbitraje en el mercado con un aumento de multas considerable, es decir, una auténtica liberalización que respetaba la ley. Si entre 1989 y 2009 se denunciaron diez carteles o pactos entre las empresas para repartirse el mercado, entre 2010 y 2014 se denunciaron casi tres veces más, hasta 27. En 2012 las multas de las autoridades de competencia aumentaron un 88 por ciento, hasta suponer 454 millones de euros. Se multiplicaban por ocho las que se habían impuesto al comienzo de la crisis, lo que representaba una subida del 785 por ciento, según datos del bufete Garrigues Abogados.

Pero en el último año esa batalla contra los abusos empresariales parece haber concluido. Las multas han caído un 90 por ciento y las sanciones suponen solo 14,5 millones de euros*. Las cifras del último año de la crisis solo pueden explicarse en términos de competencia de una manera: o el comportamiento de las empresas se ha vuelto beatífico de la noche a la mañana o el regulador ha sido desarticulado y su capacidad para perseguir abusos ha menguado. Los propios responsables del organismo de arbitraje denuncian que se trata de lo se-

* Díez Estella, Fernando: «Informe sobre la CNMC», Funciva, documentos 211.

gundo: la crisis deja a los consumidores como perdedores y a las grandes empresas como ganadoras.

## LA REFORMA DEL GOBIERNO DE MARIANO RAJOY

El repaso histórico de la lucha de poder entre empresas y árbitros tiene un último y apresurado capítulo con la actuación del gobierno de Mariano Rajoy. El ejecutivo del Partido Popular aprobó a toda velocidad una fusión de los reguladores con el argumento del ahorro. Si en 2007 se había sometido a consulta pública un libro blanco dando lugar a comparecencias parlamentarias de expertos, así como a un debate en el Congreso, el nuevo gobierno aprobó con total opacidad y sin audiencia pública la Ley 3/2013, que fusionaba todos los organismos en uno solo en un movimiento denunciado por Díez Estella como intento de «eliminar a todos los presidentes y consejeros de las extintas comisiones regulatorias nombrados prácticamente en su totalidad por el anterior ejecutivo». El Consejo de

Estado protestaba señalando: «Se echa en falta la concesión de un amplio trámite de audiencia pública [...]; hubiese requerido una tramitación mucho más detenida, con mayor participación y sobre la base de un estudio sosegado de las ventajas que esperan al nuevo modelo» y criticaba duramente «la premura con la que se ha procedido en la tramitación de una norma que se estima de capital importancia»*.

De esa fusión nacía la Comisión Nacional de los Mercados y la Competencia (CNMC), que agrupaba la antigua Comisión Nacional de la Competencia (CNC) y los servicios de defensa del consumidor de las telecomunicaciones (CMT) y de la energía (CNE). La energía, las telecomunicaciones, los ferrocarriles, el sector postal, el juego, el espacio audiovisual y el espacio aeroportuario quedaban bajo la vigilancia de un único organismo con menos medios y un presupuesto también menor. La agrupación de todos esos mercados bajo un único ente no existe en ningún otro país avanzado salvo Ho-

* Informe Consejo de Estado.

landa, donde tiene un enfoque muy distinto, porque todas las naciones de un desarrollo económico equivalente al español han concluido que son necesarios perfiles especializados en cada sector.

El argumento para recortar reguladores volvía a ser la austeridad: la CNMC nacía con un presupuesto de solo 59,7 millones de euros y además privada de personal especializado en mercados extraordinariamente técnicos. Después perdería también competencias a golpe de Boletín Oficial del Estado. El ahorro de 28 millones que el Gobierno prometía gracias a la integración de tareas y la unificación de procesos apenas alcanzó los 9,4 millones. El resto del ahorro se logró a base de no poner en marcha áreas de control y de dejar sin vigilancia específica espacios que se debían haber regulado con la Comisión Nacional del Juego, la Comisión de Regulación Económica Aeroportuaria o el Consejo estatal de Medios Audiovisuales.

Y así llegamos a la situación actual: en la que la comparación de cifras refleja un desequilibrio brutal. Tras los recortes en regulación del Ejecutivo, el nuevo regulador dispone de 59,7 millones para controlar a empresas como Telefónica, con un beneficio neto de 3.001 millones de euros en 2014 y un volumen de negocio de 50.377 millones, o como Iberdrola, con ganancias netas de 2.326 millones y que mueve 30.032 millones de euros al año en sus operaciones. Es decir, solo los beneficios de las dos empresas líderes en sectores que el árbitro debe vigilar centuplican el presupuesto de quien debe vigilarlas y el dinero que manejan equivale al que mueve el regulador multiplicado por 1.362.

## ¿QUIÉN PAGA LA FACTURA?

Una vez repasados los hechos, volvemos a la factura pendiente de pago con la que arrancaba el capítulo. Y quienes la pagan son los consumidores, que han asistido a una subida de los precios de la gasolina, sus hipotecas o las comisiones de sus tarjetas de crédito, así como de sus facturas de luz, gas o agua. Lo que empezaba siendo un debate político y técnico se traduce en la realidad cotidiana en un descenso del poder adquisitivo de los ciudadanos de a pie con ganadores con nombres propios muy claros en cada uno de los siguientes sectores:

## EL MERCADO DE LOS CARBURANTES

La subida del precio de los carburantes antes de un puente forma ya parte del paisaje informativo de las vacaciones. Tan común como que después del fin de semana el combustible baje de precio. Esas prácticas son posibles por la connivencia de los grandes operadores, según han denunciado los guardianes de la competencia en el pasado. La entrada en el mercado de nuevos competidores debería llevarlos a romper ese pacto tácito que se respeta cada Semana Santa o cada mes de agosto, declararon los árbitros ahora extintos.

El fenómeno ha sido también denunciado por la CNMC, que revela que los tres operadores principales «disfrutan de ventajas sustanciales respecto al resto», a saber: «la integración vertical con actividades de refino, los vínculos con el monopolista de la red de transporte (CLH) y las dificultades de otros operadores para acceder y expandirse en el mercado español de distribución minorista». Como resultado de ese control oligopolístico la competencia no solo no ha aumentado, sino que ha disminuido en el sector, dando lugar —según los últimos informes del regulador— a «la salida de España de los distintos operadores internacionales que decidieron entrar en el mercado tras el proceso de liberalización».

El resultado es que los consumidores españoles pagan una gasolina un 7,17 por ciento más cara que la media europea (lo que sitúa a nuestro país en el quinto puesto de la Unión en precio de la gasolina antes de impuestos) y un gasóleo un 5 por ciento más caro.

Las prácticas monopolísticas del sector quedaron demostradas por el ya extinto regulador de la CNC, que zanjó su investigación con una multa de 32 millones de euros a Repsol, Cepsa, BP, Disa, Galp y Meroil por pactar precios. La sanción es desigual, puesto que Repsol tiene que abonar 20 millones de euros de multa, y Cepsa, 10, mientras que las demás se repartirán las cantidades restantes. Entre los hechos probados se relatan prácticas como la «coordinación de precios, pactos de no agresión e intercambios de información» entre las petroleras. Esa sanción llega después de que en 2009 la CNC denunciara no solo esos pactos horizontales (entre empresas supuestamente competidoras), sino también verticales (fijando precios a estaciones de servicio a través de condiciones comerciales determinadas).

De nuevo las cifras hablan por sí solas: Repsol multiplicó por ocho sus beneficios en 2014 y ganó 1.612 millones de euros, mientras que Cepsa ingresó 459 millones de euros en 2014, un 24 por ciento más que el año anterior, después de facturar 26.178 millones de euros según las cuentas de las propias empresas*. Para ambas, una multa de 32 millones de euros resulta a todas luces rentable hasta el punto de salir beneficiadas de la debilidad del regulador: las ganancias derivadas de vulnerar la ley exceden a las sanciones impuestas en caso de ser

* http://www.cepsa.com/cepsa/Quienes_somos/Centro_de_Prensa_/Notas_de_Prensa/Cepsa_consigue_un_Resultado_Neto_de_459_millones_de_euros_en_2014

descubiertas. A eso se refieren los técnicos de la CNMC cuando hablan de «un árbitro con silbato, pero sin tarjetas rojas».

Precios de carburantes en España y la UE

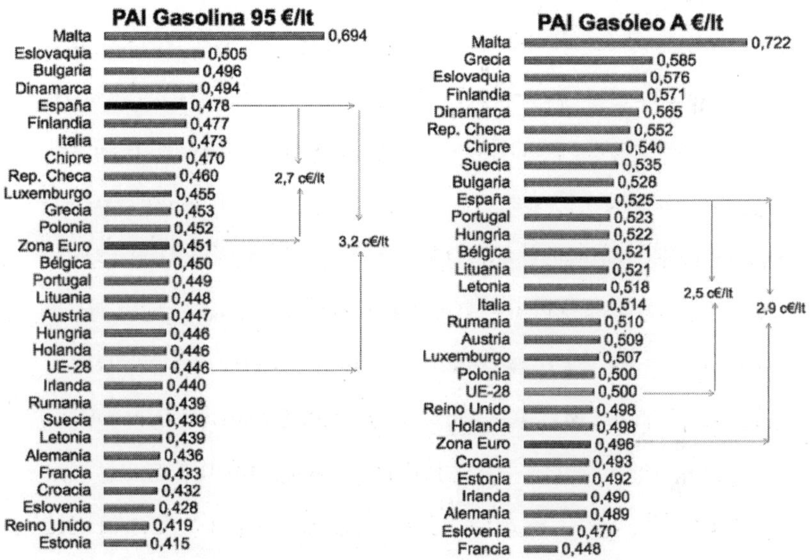


Fuente: Informe de Supervisión del Mercado de Carburantes CNMC (febrero de 2015) y UE Oil Bulletin petrolier.

## LAS HIPOTECAS

Las hipotecas son en España un 18 por ciento más caras que en la Unión Europea. El dato es especialmente llamativo, teniendo en cuenta que el dinero cuesta lo mismo para todos los bancos de la Unión Europea, puesto que su precio lo fija el mismo Banco Central Europeo. El BCE presta el dinero prácticamente gratis a los bancos (al 0,05 por ciento, un mínimo histórico). Sin embargo, hipotecarse en España es más caro que en el resto de la Unión Europea, es decir, los bancos españoles cobran más a sus clientes. Así, según datos de febrero publicados por el BCE, la adquisición de vivienda en España lleva unos intereses del 2,81 por ciento, frente a una media en la zona euro del 2,38 por ciento.

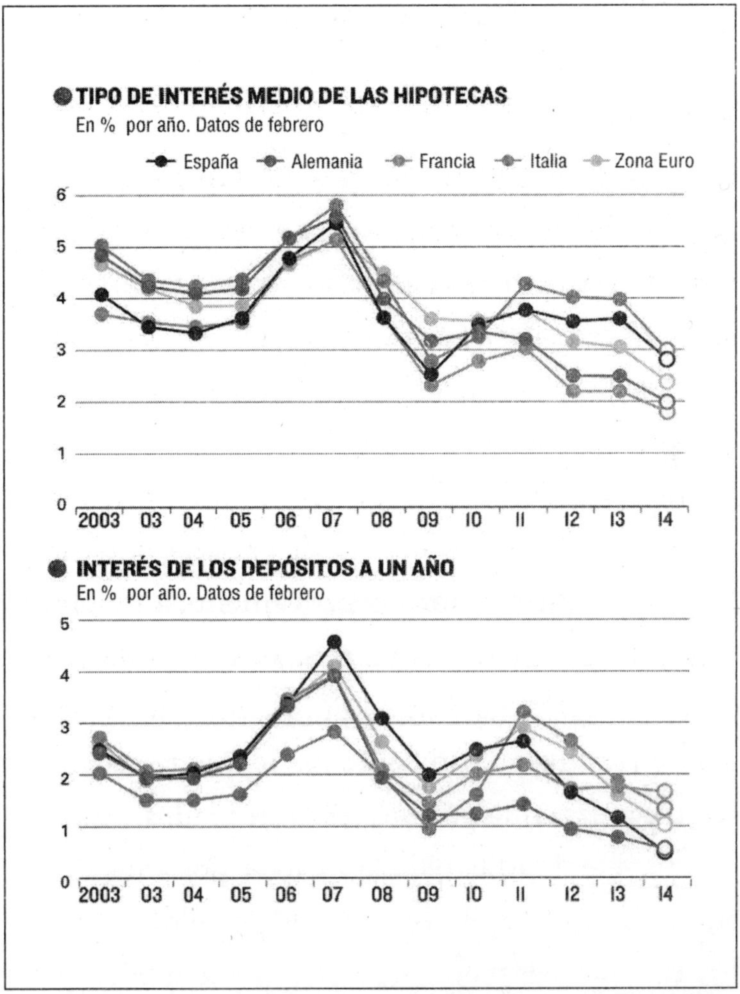


Los costes del crédito no solo son mayores que los de la Unión Europea, lo peor es que la brecha se ha agrandado en los últimos años.

La paradoja de la banca española tiene dos caras: no solo presta más caro, sino que además paga menos a sus clientes por los depósitos. Mientras los bancos europeos ofrecen intereses que superan ligeramente el 1 por ciento, los bancos españoles apenas retribuyen los ingresos en las entidades con un 0,49 por ciento de interés.

Ese precio más alto que pagan los clientes por los servicios de la industria financiera es una de las consecuencias del proceso de concentración descrito en el capítulo IV y de la pasividad de un regulador que atiende exclusivamente a la solvencia de las entidades, sin cuestionar sus prácticas comerciales. La falta de competencia entre los bancos se traduce en una extraña ley de la gravedad para la banca que permite a las entidades trasladar a toda velocidad la bajada de los tipos a los depósitos, pagando cada vez menos por el dinero que los ahorradores depositan en sus sucursales, pero que no llega a los créditos, que son cada vez más caros.

## Comisiones que se disparan

La concentración de los bancos en el llamado G-6 ha servido para que todas las entidades sin excepción practiquen una política de subida de comisiones. Las autoridades de la competencia no han investigado si hay prácticas anticompetitivas o si es una coincidencia de estrategias. Pero al margen del motivo, el resultado ha sido que todos los bancos han aplicado una subida de las comisiones que cobran a sus clientes, en algunos casos por servicios que antes prestaban de forma gratuita.

Si se analizan los nombres de los bancos que más han ingresado por la subida de comisiones, el líder es el Banco Sabadell. En los últimos tres años su volumen se ha disparado un 45 por ciento. Le siguen el Banco Popular, con un aumento del 33,5 por ciento; CaixaBank, con un 14,5 por ciento; BBVA, con un 12,4 por ciento, y Liberbank, con un incremento del 12,1 por ciento. Según los informes anuales que las entidades presentan al Banco de España, solo el Banco Santander y Bankia han experimentado una reducción del 1,3 por ciento y 12,7 por ciento respectivamente en sus ingresos por comisiones.

Si se mide otro parámetro, el de quién tiene las comisiones más elevadas, el último informe de la asociación de consumidores Facua revela que Barclays, Santander, Unicaja y La Caixa son las entidades que más cobran a sus clientes por sus servicios diarios. El usuario modelo analizado en el estudio abona al año una media de 168,73 euros si no tiene domiciliada la nómina, la prestación por desempleo o la pensión. Sus comisiones se disparan hasta los 271,41 euros si es cliente de Barclays y hasta los 248,40 en el caso del Santander, seguidos de los 242,40 euros de Unicaja y los 239,90 de La Caixa. Los ganadores de la falta de competencia tienen, pues, nombres y cifras claras.

## LA BANDA ANCHA: MÁS LENTA Y MÁS CARA

España es el segundo país más caro de la Unión Europea, solo por detrás de Chipre. La denuncia, paradójicamente, es la de la Comisión Europea (CE), porque las autoridades encargadas de vigilar la competencia española han dejado de prestar atención a este asunto. Publicaron su último informe al respecto en marzo de 2012 y basándose en datos recopilados solo hasta diciembre de 2010. De nuevo, los árbitros españoles quedan desbordados por un sector en el que hay, según la CE, diferencias «abismales», de hasta un 400 por ciento, entre unos países y otros por un producto clave para la competitividad, algo en lo que coinciden todos los partidos.

Las repercusiones negativas que esto tiene en el consumidor son tan manifiestas que la Unión Europea denuncia que los proveedores ni siquiera cumplen con el servicio que anuncian y que la velocidad de descarga puede llegar a ser un 64 por ciento menor que la publicitada.

«No existe un mercado único de Internet, y eso tiene que cambiar. Nada justifica que una persona tenga que pagar más de cuatro veces lo que paga otra por la misma banda ancha», asegura la comisaria europea Neelie Kroes en su informe de conclusiones que propone iniciativas para denunciar posibles irregularidades bajo un paquete denominado #Uncontinenteconectado.

## LAS ELÉCTRICAS, SANCIONADAS Y PERDONADAS

Las grandes empresas eléctricas fueron multadas por el ya extinto organismo vigilante de la competencia, la CNC, en 2011. Tras practicar un registro en la sede de la patronal eléctrica, Unesa, el regulador impuso una multa de 61 millones de euros a la propia patronal y a las cinco grandes compañías: 26 millones a Endesa, 21,6 a Iberdrola, 8,8 millones a Gas Natural Fenosa, 1,4 millones para E.ON y 1,8 a Hidroeléctrica del Cantábrico, integrada en EdP. La base para la sanción fue un intercambio de correos electrónicos en los que se pactaba entorpecer el cambio de suministrador, es decir, que los clientes no podían recurrir a la competencia entre compañías porque estas habían acordado no robarse clientes. La sentencia relataba como hechos probados que se había obstaculizado el cambio de suministrador entre las eléctricas y aportaba, entre otras pruebas, notas manuscritas de los directivos.

La multa de 61 millones de euros fue una de las más elevadas de la historia de la competencia en España. Pero aunque quedaron demostradas las prácticas anticompetitivas, la Audiencia Nacional desmontó la sanción. El tribunal anuló el fallo en abril de 2015 con el argumento de que «la prueba [había sido] ilícitamente obtenida en las recogidas de la inspección de la sede de Unesa».

La absolución pone de manifiesto la falta de medios de las autoridades encargadas de regular la competencia en España. Además, se trata de una situación que se reproduce en otros sectores. La capacidad de inspección del regulador y, con ella, la capacidad de sancionar quedan limitadas. El árbitro no puede sancionar a los jugadores en el terreno de juego. La factura la han pagado los consumidores, que ven cómo las prácticas monopolísticas aumentan, pero las sanciones no.

## EL SALDO DE LA CRISIS

En términos de protección, esta crisis deja un ganador muy claro: las empresas que ya controlaban el mercado han visto aumentado su poder gracias a un regulador mermado en sus funciones y a expensas del consumidor. El balance es tan palmario que Bruselas ya ha sacado los colores al Gobierno amenazándole con un expediente de infracción. Se reprocha al Ejecutivo que «el número total de personas de las agencias reguladoras nacionales se ha visto afectado por las medidas de ajuste tomadas en España. La plantilla de la CMT disminuyó de 142 a 130, y la CNMC aún no ha reportado sobre el impacto en términos de plantilla total. En este contexto es relevante garantizar que la autoridad nacional disponga de recursos humanos y financieros adecuados para llevar a cabo sus funciones en relación con los requisitos de regulación de la UE», afirma la CE en la notificación remitida al Ejecutivo español. También los trabajadores de la CNMC han denunciado falta de medios y de personal, así como la politización de los nombramientos por parte del Ejecutivo.

La conclusión, pues, es obvia sector por sector: quienes salieron ganando en la bonanza han salido ganando también en la recesión.

# VI

# La privatización sanitaria: ¿Quién se ha llevado a mi médico?

Desde su nacimiento en 1986, cuando se aprobó la Ley General de Sanidad, la industria sanitaria privada española ha presionado a los diferentes gobiernos para que le fueran traspasadas áreas de ese sector público. Este fenómeno se ha visto favorecido por la falta de transparencia en las negociaciones y las cuentas, pero lo cierto es que desde la década de 1980 no se habían registrado semejantes niveles de privatización y alarma como los que deja la actual crisis. En los últimos años las empresas sanitarias han salido ganando de una recesión que les ha reportado sumas de dinero millonarias derivadas de un recorte del 13,7 por ciento en las aportaciones públicas. Al mismo tiempo, las medidas presupuestarias han dejado fuera del sistema a 19.000 empleados y a 873.000 pacientes. La oleada privatizadora no ha sido uniforme en toda España, lo que sugiere que el color político de los diferentes gobiernos autonómicos ha sido clave a la hora de dejar ganadores y perdedores.

También en materia sanitaria la gran recesión ha supuesto un retroceso de más de dos décadas a favor de quienes perdieron el asalto a lo público en la década de 1990. En concreto, en 1991, durante el gobierno de Felipe González, se trazó un plan de privatización en el denominado «informe Abril»*, un documento que proponía modelos de rentabilidad para la sanidad y planteaba medidas como aumentar el papel de los seguros privados, convertir a los funcionarios sanitarios en personal laboral, establecer copagos y lo que definía como «empresarizar» la provisión sanitaria. Todas y cada una de esas medidas fueron rechazadas. Todas y cada una de ellas han conseguido imponerse ahora en cómodos fascículos.

---

* Informe y Recomendaciones de la Comisión de Análisis y Evaluación del Sistema Nacional de Salud, Madrid, 1991.

Para abrir la puerta al negocio privado lo primero que se ha hecho es recortar la financiación pública. Y las cifras del recorte son monstruosas, tanto en volumen como en impacto ciudadano. Desde que comenzó la crisis, la factura sanitaria directa de los españoles ha crecido un 27,7 por ciento, según datos que el propio Ministerio de Sanidad publica en su Sistema de Cuentas de Salud. Cada ciudadano ha pasado de pagar 400 euros anuales en el año 2009 a aportar más de 511 en 2013, una cifra que previsiblemente habrá seguido creciendo durante los últimos dos años en los que el Gobierno aún no ha publicado dicha información. De forma paralela, el gasto sanitario de las Administraciones Públicas por habitante ha seguido bajando de manera considerable hasta el último año publicado, una tendencia que previsiblemente continuará hasta 2017, ya que el Ejecutivo español ha prometido a Bruselas nuevos recortes. En total, el recorte de la financiación pública de la sanidad ronda los 213 euros por habitante, es decir, supone más del 13 por ciento.

Gasto sanitario por habitante

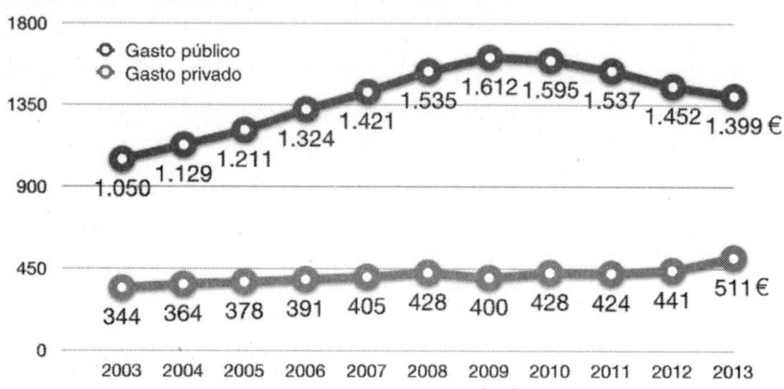


Fuente: Ministerio de Sanidad.

Esas cifras se han agravado con los recortes de las Administraciones Autonómicas, que han reducido en un 11,19 por ciento su dotación presupuestaria para sanidad durante seis años consecutivos desde 2009 hasta el día de hoy. En concreto, las autonomías han reducido:

- El gasto de personal en un 7,85 por ciento, lo que ha supuesto la eliminación de 19.000 puestos de trabajo en instituciones sanitarias públicas, así como una rebaja salarial de 2.320 millones de euros.

- Las inversiones reales en sanidad en un 67 por ciento entre 2009 y 2014 lo que, desde el punto de vista del paciente, significa disponer de unas 4.000 camas menos que antes de que comenzara la crisis. En concreto, la ratio de camas por cada 1.000 habitantes ha caído de 2,51 a 2,41 entre 2010 y 2012, los últimos años contabilizados por el ministerio. Esa cifra es todavía inferior a día de hoy, puesto que ni siquiera las inauguraciones de hospitales antes de las campañas electorales han servido para aumentar el servicio. Según esos mismos datos, 1 de cada 10 camas instaladas no estaba todavía en uso.

Resulta bastante sencillo entender quién ha perdido en esta crisis desde el punto de vista sanitario. Las listas de espera de pacientes se han multiplicado desde que comenzó la crisis y los 76 días de espera en 2012 se han convertido ahora en 98 días a principios de 2014, es decir, más de tres meses. Quienes necesitan ser operados tienen que esperar 22 días más a que un quirófano quede libre o, lo que es lo mismo, su periodo de espera ha aumentado en casi un 25 por ciento como consecuencia de los recortes.

El saldo macroeconómico se refleja directamente en el bolsillo de los ciudadanos. Las familias españolas pagan más impuestos por menos servicios. En lo que se refiere a atención sanitaria, esta crisis no solo se ha llevado su pasta, también a su médico, porque los recortes no han servido para disminuir la factura de sanidad del Estado, solo ha cambiado quién la paga. Los ciudadanos han seguido pagando sus impuestos, pero 7.267 millones de euros que antes revertían en ellos mismos ahora se han destinado a otros fines, y además se les ha obligado a pagar por sus fármacos o por ciertos servicios antes gratuitos, lo que ha incrementado en 2.159 millones de euros su factura médica, según los datos del Servicio Central Sanitario (SCS). El resultado es una factura para los ciudadanos que ronda los 10.000 millones de euros.

Sanidad

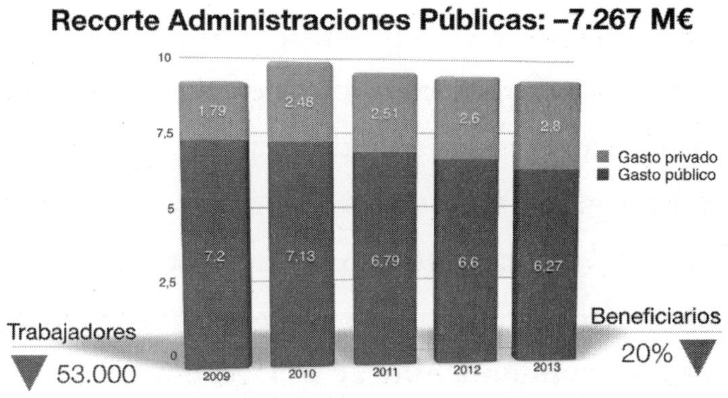


Fuente: Ministerio de Sanidad, Programa de Estabilidad 2014-2017.

El resultado es que España tiene a día de hoy el número de camas por habitante más bajo de toda la Unión Europea. Según Eurostat*, mientras que la media europea es de 185,8 personas por cama o de 538,2 camas de hospital por cada 100.000 habitantes, en España había únicamente 315,7 por cada 100.000 habitantes en 2010, y 308,9 en 2011, una proporción todavía peor. A estas alturas, el Ministerio de Sanidad no ha entregado las cifras de

* «Eurostat regional yearbook 2013», Unión Europea, octubre de 2013, pág. 60.

los últimos tres años en los que esos recortes se han agudizado.

Pero lo peor de esta situación no es el daño infligido hasta el momento a sectores sociales que dependen de la sanidad pública para costearse tratamientos que sus escasos recursos les impiden pagar. Todavía más doloroso puede ser el impacto futuro. Por lo general, los efectos de la exclusión sanitaria tienden a aflorar a largo plazo y de eso alertan los organismos que se dedican a la asistencia social. Cáritas Española* advierte que «los efectos de la exclusión social sobre la salud son acumulativos y se ven sobre todo a largo plazo, después de estos años de crisis puede observarse ya un empeoramiento muy notable en cuanto a la garantía de los derechos sociales en este ámbito. Y eso a pesar de que los recortes en las prestaciones sanitarias se han aplicado muy recientemente, en los últimos dos años». Los perdedores de esta crisis están claros, pero merece la pena subrayar que la pérdida

* «Precariedad y cohesión social», Fundación FOESSA, Cáritas Española, 2014.

no ha sido uniforme ni se ha sufrido por igual en toda España.

## Breve reparto privatizador

La Fundación de Asociaciones para la Defensa de la Sanidad Pública ha elaborado un informe anual de seguimiento sobre el grado de incidencia de la privatización en cada autonomía y ha llegado a una conclusión: «el proceso de "externalizaciones" continúa prácticamente en todas las comunidades autónomas», pese a que todas han vendido la recuperación económica antes de las elecciones. No obstante, durante dos años consecutivos los resultados son consistentes: Madrid, Cataluña, Galicia y Baleares encabezan el ranking de privatización. En el extremo contrario quedan, todavía con bajos grados de privatización, Andalucía, Asturias, Castilla-La Mancha y Extremadura. La Rioja, que había ocupado puestos relativamente bajos de externalización de servicios, ha subido dos puestos como consecuencia de las políticas de los últimos dos años.

| Presupuestos sanitarios | 2009 | 2014 | Diferencia € | Diferencia % |
|---|---|---|---|---|
| Andalucía | 9.826 | 8.204 | −1.622 | −16,51 % |
| Aragón | 1.879 | 1.605 | −274 | −14,58 % |
| Asturias | 1.559 | 1.485 | −74 | −4,75 % |
| Canarias | 2.929 | 2.607 | −322 | −10,99 % |
| Cantabria | 793 | 786 | −7 | −0,88 % |
| Castilla-La Mancha | 2.852 | 2.390 | −462 | −16,20 % |
| Castilla y León | 3.408 | 3.200 | −208 | −6,10 % |
| Cataluña | 9.426 | 8.290 | −1.136 | −12,05 % |
| Comunidad Valenciana | 5.659 | 5.374 | −285 | −5,04 % |
| Extremadura | 1.717 | 1.324 | −393 | −22,89 % |
| País Vasco | 3.546 | 3.437 | −109 | −3,07 % |
| Galicia | 3.767 | 3.302 | −465 | −12,34 % |
| Islas Baleares | 1.257 | 1.195 | −62 | −4,93 % |
| Madrid | 7.122 | 6.980 | −142 | −1,99 % |
| Murcia | 1.853 | 1.623 | −230 | −12,41 % |
| Navarra | 906 | 893 | −13 | −1,43 % |
| La Rioja | 452 | 351 | −101 | −22,35 % |
| TOTAL | 58951 | 53046 | -5905 | −10,02 % |

Las cifras también delatan cuáles son los gobiernos que más recortes han aplicado en los últimos años. Según los presupuestos públicos, Extremadura es la autonomía que más ha recortado en sanidad en términos porcentuales. Su gobierno autonómico ha dejado de invertir en sanidad casi uno de cada cuatro euros que antes destinaba a la atención de sus ciudadanos, liderando el ranking con un recorte que ronda el 23 por ciento de su presupuesto, seguida de La Rioja, donde el retroceso presupuestario también ha superado el 20 por ciento. Por el contrario, los gobiernos de Cantabria, País Vasco y Navarra han sido los que menos recortes han aplicado en materia sanitaria, según los presupuestos que publican las propias autonomías. La externalización de servicios provoca el espejismo estadístico de presupuestos como el de la Comunidad de Madrid, donde el recorte apenas alcanza un 2 por ciento, algo que se explica porque buena parte del gasto se había sacado del balance público antes de la crisis. Si se mide el volumen total de dinero, Andalucía y Cataluña son responsables de haber retirado casi la mitad de los fondos públicos destinados a la sanidad. En los últimos seis años las autonomías han dejado de aportar 1 de cada 10 euros que antes dedicaban a la atención sanitaria de sus ciudadanos. En total han desaparecido, como consecuencia de la crisis, algo más de 5.900 millones de euros en servicios que antes prestaban las comunidades autónomas.

## LOS GANADORES DE LOS RECORTES

Los perdedores de la crisis en materia sanitaria han hecho pública su situación. Las mareas blancas y las múltiples manifestaciones de personal sanitario, pacientes y algunos grupos políticos han puesto sobre la mesa los efectos de los recortes. Sin embargo, los ganadores han pasado absolutamente desapercibidos, hasta el punto de que algunas empresas privadas del sector sanitario ni siquiera publican sus resultados económicos en sus informes de gobierno corporativo. Esos ganadores que han intentado ocultarse no han vivido seis años de recesión, sino un sexenio de auge de su negocio.

Así, si Madrid es la capital de la privatización sanitaria, Capio es el nombre de su gran vencedor.

La compañía ya no opera con esa marca desde que el fondo de capital riesgo CVC comprara a su antiguo propietario sueco parte de la sociedad en 2014. A partir de entonces Capio ha recuperado su nombre original, IDC Salud (Ibérica de Diagnóstico y Cirugía), y ha intentado desligarse de los múltiples escándalos que relacionaban su anterior denominación con políticos del Gobierno al que debe la mayor parte de las concesiones. La sospecha de favores políticos y puertas giratorias es tan patente que la compañía incluye en la información que proporciona al público la siguiente advertencia: «La compañía no ha tenido ninguna vinculación, ni accionarial ni laboral, con ningún político. Ni en su accionariado, ni en su Consejo de Administración, ni entre los inversores del Fondo V de CVC, hay ningún político, ni familiar de ningún político»*.

Pese a esta declaración, persisten las dudas sobre quién controla a día de hoy una empresa que ha crecido hasta ocuparse de la salud de más de dos millones de personas. El capital que controla la com-

* http://www.idcsalud.es/es/comunicacion/idcsalud-informa/idcsalud

pañía tiene cinco sedes en las Islas Caimán. Preguntada por *infoLibre* sobre por qué se ubica allí la sede y qué personas físicas o jurídicas hay detrás de esas empresas, la compañía se limita a apuntar que «es propiedad de fondos asesorados por CVC Capital Partners y del equipo directivo de Capio. La situación accionarial fue puntualmente notificada a la Comisión Europea».

Pero si hay dudas sobre quién controla la entidad, no hay ninguna sobre de quién depende: más del 75 por ciento de sus beneficios provienen de fondos públicos, unos ingresos que lejos de menguar durante la crisis, se han multiplicado. Los últimos años han sido de enorme bonanza para la sanidad privada. IDC ha multiplicado su red hospitalaria con la creación de tres nuevos hospitales solo el pasado año. A día de hoy la empresa privada gestiona en Madrid seis hospitales y dos centros de especialidades a los que «pronto sumará el Hospital Público de Collado Villalba», según afirma el propio grupo. En total, la compañía dispone ya de 29 centros: 18 hospitales y 11 residencias y centros de atención a personas con discapacidad, bajo diferentes contratos de gestión y en diferentes comunidades autónomas (Madrid, Cataluña, Castilla-La Mancha y Extremadura). La crisis no ha existido para empresas como esta del sector privado: frente a los despidos generalizados, IDC ha aumentado su plantilla un 29 por ciento y su número de clientes/pacientes ha crecido un 50 por ciento: el grupo ha pasado de registrar 101.828 ingresos hospitalarios a firmar 151.934 al cierre de 2013. El dinero que maneja esa única empresa anualmente es de 489 millones de euros entre los ingresos que recibe y los pagos que efectúa.

Con todo, lo que más se ha disparado han sido sus ingresos financieros: IDC ha más que triplicado sus beneficios, desde los 14,2 millones de euros al comienzo de la crisis en 2009, hasta los 50,4 el pasado año, un aumento del 254,9 por ciento. El crecimiento de beneficios de la compañía es tal que esa tasa, del 255 por ciento, supera incluso la rentabilidad de los mayores fondos buitre del planeta.

Estas cifras no son una excepción en el sector, sino que representan la norma: las grandes compañías sanitarias han multiplicado su volumen de ne-

Las rentas de la privatización

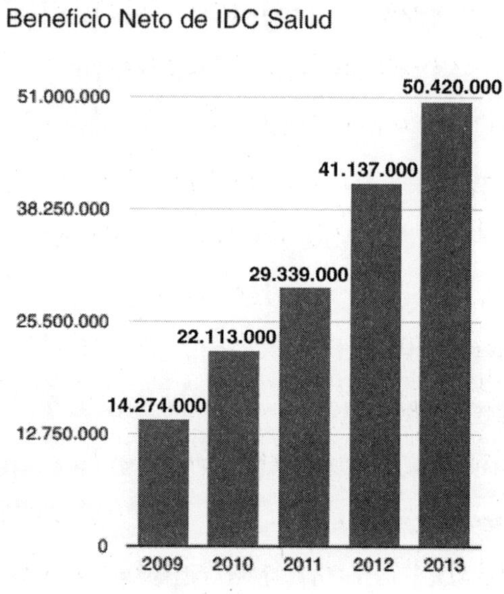


Fuente: IDC Salud, S.L.

gocio y aumentado sus beneficios de manera considerable desde que comenzó la crisis, un repunte especialmente acentuado desde el año 2011.

Sanitas, Sociedad Anónima de Hospitales, ha pasado de registrar números rojos de 5,4 millones de euros en 2009 a percibir más de 12,2 millones de euros de beneficios a comienzos de 2014. Por su parte, una de las principales concesionarias de privatizaciones en la Comunidad Valenciana, Ribera Salud, ha aumentado su volumen de negocio de 145 a los 173 millones de euros, según datos depositados en el registro mercantil. Curiosamente, la compañía ha repagado créditos a sus empresas asociadas, lo que le ha evitado declarar mayores beneficios y, sobre todo, pagar impuestos más elevados.

Solo esos tres grandes nombres de la industria de la privatización sanitaria mueven a día de hoy un negocio que ronda los 900 millones de euros. Una cifra que, por tanto, no se ha ahorrado, sino que sencillamente ha pasado de manos públicas a privadas y que deja unos márgenes de beneficio considerables para quienes no solo han ganado a la crisis sino que ni siquiera la han notado en su sector.

## El saldo: insatisfacción

Lógicamente el aumento de los pagos y el recorte de las prestaciones se han traducido en una mayor insatisfacción por parte de los pacientes, que aprecian una pérdida de calidad asistencial. Cosa curiosa, la encuesta de satisfacción ciudadana se ha convertido, desde que comenzaron los recortes, en una «noticia de verano». La última publicación del «barómetro sanitario» fue el 29 de julio, en un intento tal vez de atenuar el alcance de una información que revela un claro y creciente descontento ciudadano. Según ese indicador que elabora el CIS (Centro de Investigaciones Sociológicas) el 27,85 por ciento de los ciudadanos cree que la atención sanitaria ha empeorado en los últimos cinco años y un 32,17 por ciento cree que también se ha deteriorado la atención especializada.

Esa tendencia se ha acentuado en los últimos dos años, en los que se ha producido un fenómeno que el sistema sanitario no había experimentado en lo que va de siglo: una rebaja en la puntuación que los ciudadanos le otorgan. Si en 2002, los ciudadanos le daban un 5,94 al sistema sanitario, la nota subió de forma sostenida hasta el 6,59 en 2011. Pero desde que comenzaron los recortes los ciudadanos han bajado la calificación a un 6,57 sobre 10 en 2012 y a 6,41, en 2013. El Ministerio de Sanidad, por su parte, se ha centrado en recalcar que los ciudadanos siguen concediendo el aprobado al sistema nacional de salud, pasando por alto la alarma tanto política como sanitaria que dichas calificaciones deberían provocar.

# VII

# Las compañías eléctricas, otro oligopolio: ¿Quién se ha llevado la luz?

En 2010, cuando la crisis no había hecho más que comenzar, la patronal de las compañías eléctricas, Unesa, envió a Rajoy una carta en nombre de Endesa, Iberdrola, Gas Natural, E.ON y HC Energía, la antigua Hidrocantábrico. En ella planteaba al Gobierno la necesidad de subir el precio de la luz entre un 30 y un 40 por ciento, argumentando que su actividad solo era rentable sobre el papel. Cinco años después, el recibo de la luz ha subido cerca de un 40 por ciento a partir del umbral de entonces. No son necesarias muchas matemáticas más para concluir quién ha ganado la crisis en materia energética. Las compañías eléctricas no solo han conservado su oligopolio, también han conseguido que se desmonten los incentivos a las energías alternativas que amenazaban con competir con ellas, hasta el punto de que el Gobierno ha aprobado un impuesto a la generación de energía solar particular, un gesto que los defensores de las renovables definen como «poner un impuesto al sol». El resultado de estos años de crisis para el sector ha sido el de reforzar el statu quo.

La subida de precios solicitada por el sector se ha cumplido hasta el punto de que, en la última década, el consumidor medio paga un 90 por ciento más de luz, según los indicadores del economista Jorge Morales de Labra. Las eléctricas han conseguido ganar más y más rápido en los últimos años porque lo que realmente pretendía aquel informe remitido a la Moncloa y al Ministerio de Industria era cambiar el sistema de cobros, obviando que el negocio eléctrico siempre ha sido rentable en España. Básicamente, hasta la reforma del gobierno de Rajoy, los consumidores pagaban la luz de dos maneras: mediante el recibo y además con sus impuestos, abonando lo que se definía como el «déficit de tarifa», es decir, la cuantía extra necesaria para que las eléctricas registraran beneficios. El sector seguía ganando, pero no de manera directa, sino que el Ejecutivo abonaba a las compañías derechos de pago con el aval del Estado. Según aquel informe del oligopolio eléctrico, en el primer año de la crisis las eléctricas registraban un beneficio neto de 4.181 millones de euros, con 5.584 millones de euros abonados mediante ese capítulo de déficit de tarifa. Por ese motivo, las eléctricas concluían: «sin los beneficios virtuales que provoca el déficit, el retorno de la actividad eléctrica en España sería negativo», protestaban porque el sector tenía que pagar impuestos por ingresos que todavía no había recibido y remataban: «los beneficios no se corresponden a flujos de caja reales, sino que son beneficios contables». Las compañías ocultaban, sin embargo, que esos derechos de cobro habían sido colocados en los bancos en forma de deuda del Estado, mientras que el dinero en efectivo estaba ya en sus balances.

Pero con Rajoy llegó la reforma eléctrica y la promesa de que el precio de la luz bajaría como resultado de la liberalización. Tras varios amagos de reforma y zigzags creativos, como el de anunciar contadores inteligentes que permitirían discriminar por franja horaria pero para los que todavía no hay infraestructuras, el Gobierno aprobó un nuevo sistema con el que prometía rebajar los precios. Durante el debate sobre esa reforma, el Partido Popular apostó con una mano por la necesidad de devaluar salarios para «ganar competitividad», mientras con la otra lastraba esa misma competitividad empresarial aumentando los costes de la factura eléctrica al menos un 10 por ciento durante los últimos tres años.

La subida de la luz ha sido clara para empresas y consumidores pero muy opaca para los analistas. El Ministerio de Industria ha variado de criterios de medición en varias ocasiones y ha dejado de publicar determinadas estadísticas. Todo ello hace difícilmente medible de manera uniforme el repunte del recibo, pero los seguidores más cualificados del sector, entre los que destaca el economista Jorge Morales de Labra, han realizado un marcaje manual de cada cambio tarifario, con el resultado siguiente: el precio de la luz prácticamente se ha duplicado durante los años de la crisis y ha dejado a los consumidores pagando una factura que sube, al menos, un

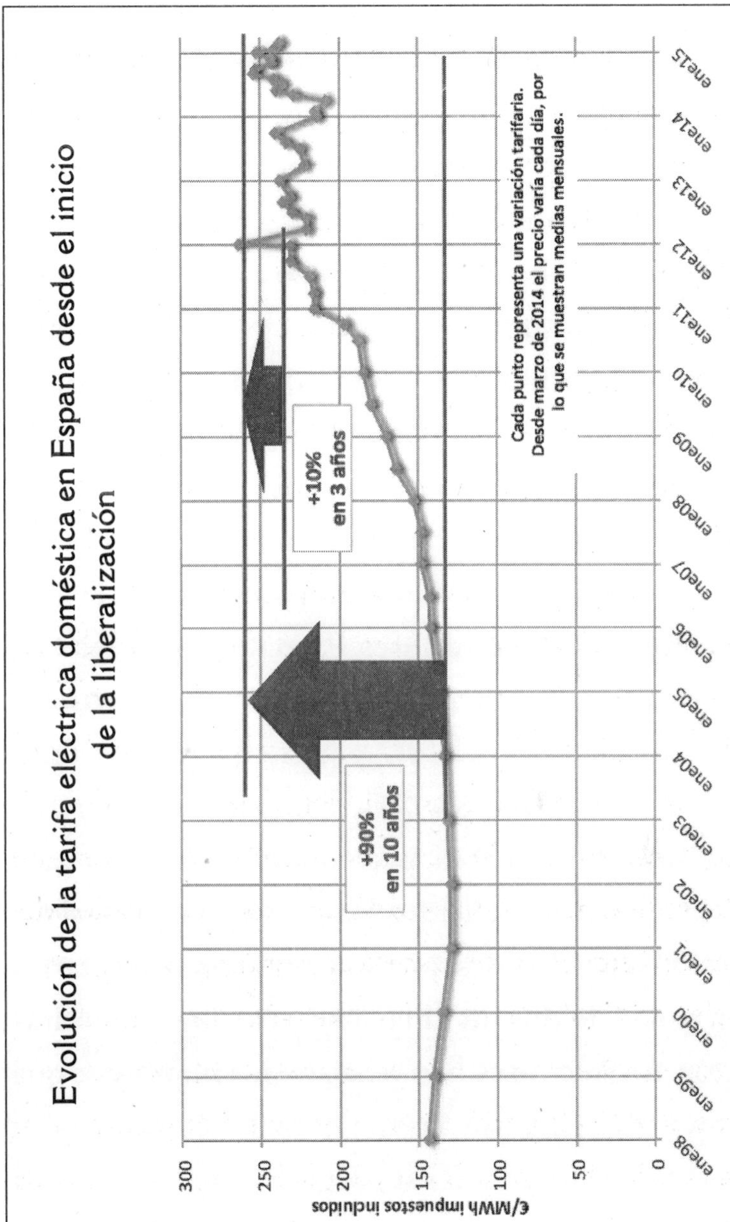
Evolución de la tarifa eléctrica doméstica en España desde el inicio de la liberalización
€/MWh impuestos incluidos
300
250
200
150
100
50
0
ene98
ene99
ene00
ene01
ene02
ene03
ene04
ene05
ene06
ene07
ene08
ene09
ene10
ene11
ene12
ene13
ene14
ene15
+90% en 10 años
+10% en 3 años
Cada punto representa una variación tarifaria. Desde marzo de 2014 el precio varía cada día, por lo que se muestran medias mensuales.

10 por ciento cada trienio. Ese dinero lo ingresan de forma directa las compañías eléctricas.

El resultado es el que se reclamaba en la petición al Gobierno: las compañías que se reparten en el sector ganan más y más rápido a día de hoy, puesto que el consumidor paga directamente los costes en el recibo sin que las eléctricas tengan que esperar a recibir el complemento del Estado. España pasa de ser un país competitivo a tener una de las facturas eléctricas más elevadas de toda la Unión Europea y con un sistema más oscilante. Según la asociación de consumidores Facua, solo en los dos primeros meses de 2015 el usuario medio acumulaba una subida del 13,7 por ciento en la factura, un repunte que puede verse compensado con rebajas en meses futuros, pero que en cualquier caso deja pingües beneficios a las empresas distribuidoras. Los perdedores, por su parte, son los usuarios víctimas de dos medidas perjudiciales y simultáneas: no solo no se han rebajado los impuestos que antes se destinaban a pagar esa factura, sino que el contribuyente además soporta una factura eléctrica todavía más elevada.

## UN 17 POR CIENTO DE HOGARES EN SITUACIÓN DE POBREZA ENERGÉTICA

Los perdedores de la reforma están claros y se esconden tras el término «pobreza energética», acuñado durante esta crisis. Se trata de un indicador en el que se incluye el 17 por ciento de los hogares, en total 4 millones de personas, incapaces de mantener sus viviendas a una temperatura adecuada durante el invierno y 7 millones más sin capacidad de pagar las facturas de la luz, agua o gas. Los datos dibujan una realidad miserable para muchos hogares:

- El 6 por ciento de los hogares declara tener retrasos en el pago de recibos de la vivienda.
- Un 12 por ciento reconoce tener goteras, humedades o podredumbres en su casa.
- El 18 por ciento es incapaz de mantener su vivienda a una temperatura cálida en invierno.
- Un 25 por ciento no puede mantener una temperatura fresca en verano.

La cifra como tal es preocupante, pero además refleja una tendencia gravísima, porque desde que comenzó la recesión el empobrecimiento de los hogares se ha agudizado. En total, el porcentaje de hogares en esa situación de vulnerabilidad ha aumentado un 34 por ciento en apenas dos años y hay un 19 por ciento más de ciudadanos que reconocen ser incapaces de mantener su casa a una temperatura adecuada en invierno. Otro dato preocupante: las cifras a día de hoy son todavía peores de lo que recogen las estadísticas mencionadas, ya que las últimas publicadas corresponden a 2012. Tres años más tarde es de esperar que la recesión haya agravado la situación de los hogares españoles más vulnerables.

Esa situación genera un problema de salud pública evidente que, en los casos más extremos, está costando miles de vidas. Según los datos de la Asociación de Ciencias Ambientales (ACA), la pobreza energética es responsable de unas 7.200 muertes anuales. La cifra es impropia de un país desarrollado y refleja la falta de sensibilidad política de los diferentes gobiernos, que han ignorado este problema mientras atendían a otros con una cifra de víctimas mortales inferior, como el de las muertes en carretera, que en 2012 fueron 1.129. La insensibilidad durante los años de la gran recesión se plasma en el hecho de que ningún gobierno español haya aprobado moratorias en el pago de facturas, que sí existen en países como Francia, donde en los meses más crudos del invierno se permite atrasar los pagos y existen ayudas públicas para casos extremos.

La falta de sensibilidad y de una estrategia política para atajar la situación convierte a España en el cuarto país de la Unión Europea con más problemas para mantener un hogar a una temperatura adecuada, una marca impropia de una democracia desarrollada. Y de nuevo las circunstancias no son uniformes en todo el país, lo cual demuestra que las diferentes políticas de los distintos gobiernos autonómicos han influido a la hora de agravarlas o aliviarlas. Así, Murcia, Extremadura, Andalucía, Cataluña y Castilla-La Mancha son las más vulnerables a las situaciones de pobreza energética. Por el contrario, Asturias, País Vasco y Madrid registran indicadores de pobreza energética inferiores a la media. Resulta paradójico que la mayor parte de las

7.000 muertes que se atribuyen al año al frío ocurran en aquellas autonomías con temperaturas más suaves.

En España ningún gobierno adoptó esta medida hasta que llegaron las elecciones. A 42 días de la cita con las urnas autonómicas y municipales y terminado ya el invierno, en pleno mes de abril de 2015, la Generalitat Valenciana anunciaba un cheque de 100 euros a las familias más pobres para que pudieran pagar las facturas energéticas. El llamado «cheque energético» pretendía cubrir dos meses de consumo energético de un hogar medio, es decir, que serviría para pagar la luz justo hasta después de la votación ciudadana. La utilización electoralista de este problema se refleja también a nivel nacional, donde el Gobierno central intenta anunciar bajadas en el recibo de la luz antes de las elecciones en una maniobra con la que se pretende aliviar al electorado tras un trienio de subidas de precio. Pero esas jugadas de corto plazo no compensan los años de ignorar un problema que sigue lejos de solucionarse, incluso con una recuperación económica incipiente.

La Unión Europea ha reclamado —sin éxito hasta la fecha actual— medidas muy concretas a estados como España, por ejemplo, «movilizar inversiones en la renovación del parque nacional de calefacciones», la constitución de un «bono social con el que paliar ciertas situaciones» o compensar la Ley 24/2013, de 26 de diciembre, del sector eléctrico, que establecía una definición de «consumidor vulnerable» tan limitada que hacía imposible dar cobertura a los verdaderamente necesitados. Pero a la espera de que vuelvan a anunciarse medidas concretas por la urgencia de las urnas, no hay duda posible sobre quiénes son los perdedores de la crisis en el terreno energético.

## LOS GANADORES EMPRESARIALES

El gobierno de Mariano Rajoy ha dado un auténtico calambrazo al alza a los beneficios de las compañías eléctricas. En un contexto de crisis nacional, con una caída de la demanda y muchos hogares al borde del impago, las grandes empresas del sector han obrado el milagro de duplicar sus beneficios y más que duplicar su valor en bolsa, hasta el punto de que esa revalorización del 100 por ciento en tres años empieza a ser una cifra normal dentro del sector.

Los grandes ganadores de la crisis en materia energética son los grandes jugadores del mercado, es decir, Iberdrola, Gas Natural y Endesa, que en apenas tres años han registrado marcas propias de negocios de altísimo riesgo. Las acciones de Iberdrola se han revalorizado un 100 por ciento, al pasar de 3,6 euros por título a cotizar por encima de los 6,2 euros. Endesa llegó a aumentar un 122 por ciento, pasando de los 13,41, cuando Rajoy llegó a la Moncloa, a los 29,80, una subida que solo interrumpió el anuncio del propietario italiano de que vendería una parte de la compañía, lo que hizo desplomarse el valor de las acciones en octubre de 2014. Pese a esa caída, las acciones de Endesa «solo» se han revalorizado un 40 por ciento durante el gobierno popular. Por su parte, Gas Natural sí ha cerrado su trienio con una revalorización del 122 por ciento, saltando de poco más de 10 euros por

El calambrazo de Rajoy al sector

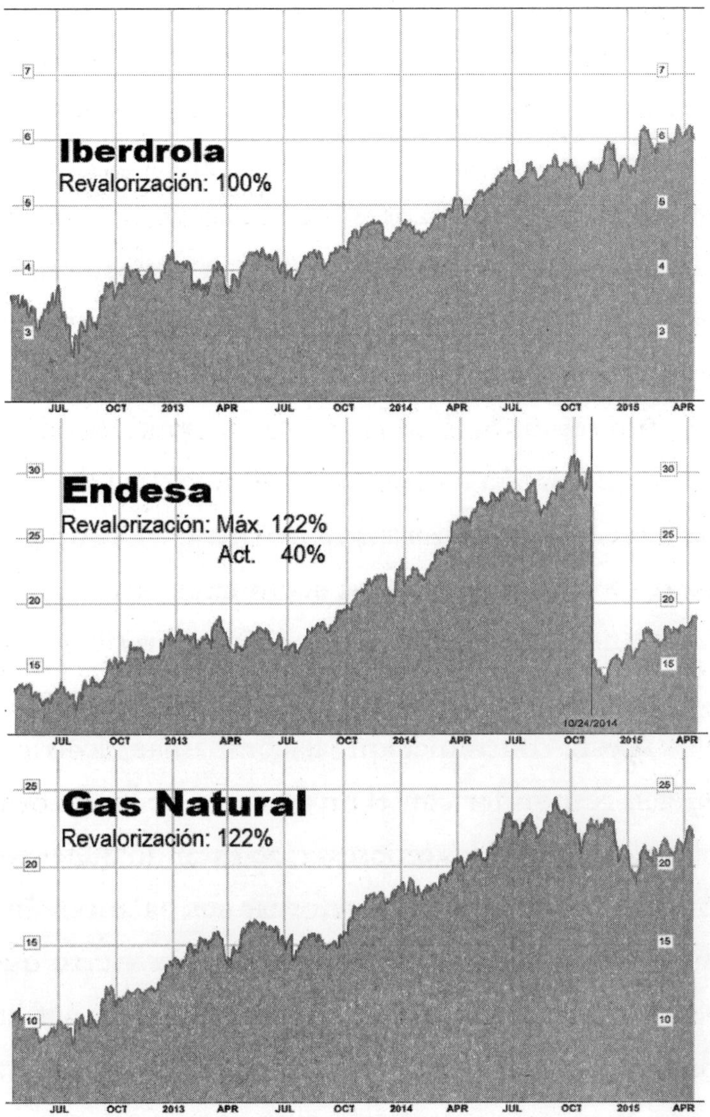

acción a más de 22,3 euros. Ese calambrazo bursátil es fruto de una cuenta de beneficios que no ha dejado de subir desde que el Ejecutivo anunció que abarataría el precio de la luz para los usuarios.

También en el sector eléctrico se ha obrado un milagro que pocos expertos en bolsa podían predecir. El sector de las llamadas *utilities* suele definirse en círculos bursátiles como «cíclico», es decir, que baja cuando el ciclo económico es de crisis y sube cuando repunta. Pero las medidas políticas adoptadas en España han conseguido invertir la norma no escrita, de manera que mientras el consumo eléctrico caía, la actividad económica se frenaba y las industrias se paraban, los proveedores de energía ganaban cada vez más y duplicaban su riqueza.

A esta contradicción las compañías eléctricas suelen responder con el argumento de la internacionalización de las empresas, apuntando que otros mercados contribuyen a reforzar sus balances. Ese argumento es una verdad a medias: es cierto que todas ellas han conseguido diversificar sus actividades, pero eso no es óbice para que deban su principal fuente de beneficios a un regulador que ha sido extremadamente generoso en los últimos años. Así, Endesa argumenta que opera también en Portugal y el norte de África, mientras que Iberdrola se ha expandido a Reino Unido, Estados Unidos, Portugal y Latinoamérica. Sin embargo, en ambos casos los negocios del mercado liberalizado, energías renovables y redes en España siguen suponiendo más de la mitad de su balance; es decir, que continúan dependiendo de la voluntad de un negocio regulado políticamente.

Más sólida resulta la respuesta de que viven una cierta inseguridad jurídica, puesto que el Gobierno ha cambiado hasta en tres ocasiones y en apenas unos meses la regulación, lo que ha generado incertidumbre a corto plazo sobre la evolución del negocio. Sin embargo, también en el terreno de las normas las grandes compañías eléctricas han conseguido erigirse como ganadoras de la crisis, puesto que a golpe de Boletín Oficial del Estado los grandes nombres del sector han conseguido eliminar a los pequeños aspirantes a entrar en el mercado. La regulación de los últimos años ha conseguido reforzar el poder del oligopolio eléctrico.

## IMPUESTOS AL SOL

Las eléctricas no solo han logrado ganar más y más rápido. Además, han conseguido perpetuar su oligopolio, al desmontar las alternativas empresariales que habían comenzado a surgir. Ejemplos claros son la eliminación de las ayudas públicas a las energías renovables —que el Gobierno ha justificado calificándolas de «desproporcionadas» y argumentando que distorsionan el comportamiento natural del mercado— y el conocido como «impuesto al sol», bautizado por el Ejecutivo con el críptico nombre de «peaje de respaldo».

Con la llegada de la crisis, los materiales para energías alternativas como los paneles fotovoltaicos comenzaron a caer de precio de una manera tan drástica que para algunos hogares empezó a resultar más barato fabricar su propia luz a través de placas solares. Entre 2009 y 2013 los paneles fotovoltaicos se abarataron un 80 por ciento, generando una considerable proliferación del llamado «autoconsumo» solar y también eólico. Muchas casas comenzaron a instalar esas placas y a obtener energía a través de ellas. Incluso las conectaban a la red, haciendo así la competencia a los gigantes tradicionales en el suministro de energía.

La respuesta legal fue tan contundente como favorable para las grandes compañías eléctricas y hasta provocó la protesta del regulador del mercado, que consideraba que el Gobierno estaba perjudicando a los consumidores y protegiendo al oligopolio energético. El gabinete de Mariano Rajoy redactó en 2013 un borrador de decreto que penalizaba el autoconsumo y establecía unos peajes tales que hacían absolutamente inviable el desarrollo de esas fuentes de energía. En el documento el Gobierno calcó —en ocasiones de forma literal— los argumentos de la patronal eléctrica Unesa, al asegurarse de que los productores de energías renovables tuvieran que pagar una tarifa por su conexión a la red cuando faltaba luz solar o no soplaba el viento, estableciendo así ese «peaje de respaldo». En la práctica, ese peaje implicaba que los hogares con paneles solares tenían que contribuir a sostener los costes generales de la red (transporte, primas, despliegue de cables), como hacían las grandes empresas. El BOE blindó la entrada de la pequeña competencia en el mercado con la amenaza de multas de hasta 30 millones de euros a quienes recurrieran a ese sistema sin pagar los peajes correspondientes, incluso si no se conectaban a la red eléctrica general.

La entonces todavía viva Comisión Nacional de la Energía (CNE) protestó airadamente ante la decisión del Gobierno. Redactó un informe rebatiendo los argumentos del Ejecutivo desde un punto de vista tanto legal como técnico. Desde un punto de vista técnico señalaba que el Gobierno discriminaba a los usuarios, puesto que permitía poner bombillas o instalaciones de bajo consumo mientras seguían dependiendo del oligopolio, pero negaba la posibilidad de ahorrar a quienes optaban por instalaciones propias. Legalmente, la CNE recordaba, además, que el Gobierno violaba la ley española del sector eléctrico —que en el Real Decreto 1699/2011, de 18 de noviembre, establecía la obligación de elaborar una «regulación del suministro de la energía eléctrica producida en el interior de la red de un consumidor para su propio consumo que incentivará el autoconsumo»—, así como las directivas europeas sobre eficiencia energética. El documento de la CNE concluía con la afirmación de que el peaje de respaldo era tan elevado «que haría económicamente inviables las modalidades de suministro y producción con autoconsumo».

El Gobierno debía dar una respuesta regulatoria final en el primer trimestre de 2015, pero hasta la fecha su reacción ha sido tan favorable a las grandes empresas que los analistas del sector hablan de un poder ejecutivo secuestrado por el *lobby* empresarial que no deja salida alguna a los ciudadanos, quienes una vez más, resultan perdedores en una crisis en la que los ganadores siguen siendo los mismos.

# Conclusión: y ahora ¿qué?

El repaso a lo sucedido en los diferentes sectores de la economía a lo largo de los últimos años de la crisis permite responder perfectamente a la pregunta de «¿Quién se ha llevado mi pasta?». Mi pasta la tiene quien ya tenía la suya. Quien tenía dinero antes de la crisis tiene todavía más dinero después. Expresado en términos algo más precisos: el saldo de la actual recesión ha sido el de aumentar la desigualdad entre quienes más tienen y quienes más necesitan.

El motivo es que esta crisis se distingue de las anteriores en las soluciones adoptadas. Al contrario que en el pasado, los mecanismos de redistribución de rentas —impuestos a los más pudientes y subsidios a los menos afortunados— no solo no se han puesto en marcha, sino que se han recortado, agravando las diferencias entre ricos y pobres. Tradicionalmente, esa distancia se había reducido en tiempos de contracción económica debido a que actuaban los mecanismos de compensación. Pero los recortes en las prestaciones por desempleo, los hachazos a las ayudas sociales y a los presupuestos de sanidad y educación o la introducción de copagos en servicios hasta ahora gratuitos han generado el efecto contrario y han aumentado la brecha entre los acomodados y los necesitados. El análisis del último siglo muestra que las diferencias entre ambos grupos de población se acortaron después de las dos guerras mundiales —en especial de la Segunda— en países como Estados Unidos, Reino Unido o Francia. En España, sin embargo, esta crisis se ha resuelto con un aumento de la desigualdad de más del 3 por ciento.

Han bastado siete años de recesión para anular todo lo conseguido en un proceso de convergencia de riqueza que comenzó en 1994 en España y que había conseguido recortar en un 20 por ciento la diferencia entre trabajadores mejor y peor remunerados. Según la OCDE, desde 1994 y hasta el comienzo de la última crisis, los niveles de desigualdad en España eran similares a los de la media de las naciones desarrolladas. En concreto, entre 1990 y 2005, «la porción del 1 por ciento de ingresos más altos solo creció cuatro décimas (del 8,4 al 8,8 por ciento)», según el informe de la OCDE titulado *Divided We Stand**. Pero tras la aplicación de las nuevas políticas, España es a día de hoy el octavo país con mayor desigualdad de los 34 miembros, por detrás de Chile, México, Turquía, Estados Unidos, Israel, Portugal y Reino Unido. El porcentaje de población pobre (con ingresos inferiores al 50 por ciento de la renta media de la OCDE) aumentó entre 2007 y 2010, hasta alcanzar el 15,4 por ciento, un umbral solo superado por Turquía.

En este libro se ha identificado uno a uno y sector por sector a los grandes ganadores de esta recesión frente a los perdedores ya conocidos antes de la crisis. Pero si hay que fijar un podio, sin duda la medalla de oro es para el poder financiero: la

* http://www.oecd.org/social/soc/49177772.pdf

banca no solo ha recibido un rescate que pagarán en forma de deuda multimillonaria las generaciones futuras, además el regulador les ha permitido salvar el fraude de las participaciones preferentes sin tener que compensar a la totalidad de los estafados. De igual modo, las aventuras inmobiliarias se han lavado mediante la entrega de parques hipotecarios a fondos buitre a precios de ganga. En resumen, el sector financiero, ya de por sí fuerte, ha conseguido convertirse en un oligopolio de facto.

Curiosamente, la medalla de plata de los ganadores de la recesión no es para ningún otro sector privado, sino para unos gobiernos que han obtenido gracias a ella una financiación casi ilimitada. Los bancos han prestado con una mano al Estado después de haber recibido antes dinero para financiar sus rescates con la otra. A cambio, los poderes públicos han conseguido préstamos que les eran denegados a familias y a pymes. Por tanto, el Gobierno central como los gobiernos autonómicos son merecedores del segundo puesto en el podio de la ya bautizada «década perdida», en la que sin embargo solo han perdido algunos.

Por último, otros sectores se han visto también beneficiados de la eliminación de mecanismos de control que hasta ahora vigilaban sus posibles excesos o sus abusos. La ausencia de un regulador ha permitido a empresas energéticas y farmacéuticas beneficiarse de prácticas hasta ahora denunciadas mientras recibían también los réditos de una ola de privatizaciones sin precedentes y de un repliegue del dinero público diseñado en 1991 y que ha tardado casi dos décadas en ser aplicado.

## ¿DEMAGOGIA?

Cada vez que un informe o un colectivo —desde Cáritas hasta las mareas ciudadanas que se han echado a las calles— ha denunciado a alguno de los poderes beneficiados por la crisis, los portavoces de los diferentes acusados no han dudado en desenfundar la palabra «demagogia». El término se ha convertido en el escudo de *lobbys* y vencedores de la crisis para evitar responder sobre las cifras que deja la recesión.

Sin embargo, no parece demagógico discutir por qué los presupuestos sanitarios han caído un 17 por ciento. No parece populista reflexionar sobre el motivo por el que, en apenas tres años, los seis grandes bancos han pasado de controlar el 46 por ciento de los créditos concedidos en España a ser dueños del 72 por ciento, según los informes de cuentas que ellos mismos entregan al Banco de España. No hay demagogia alguna en destacar que una única entidad financiera acapara casi la mitad del mercado provincial de Ávila, Ourense o Segovia, donde un solo banco suma más del 40 por ciento de cuota. Tampoco es demagógico denunciar que se ha desmontado la vigilancia del mercado hasta el punto de que las multas de los organismos que vigilan la competencia entre empresas hayan caído un 90 por ciento, de 454 millones de euros a solo 14,5. Ni merece ese adjetivo el hecho de que la factura de la luz de los españoles haya subido un 90 por ciento a lo largo de la última década. Demagogia se define como la «práctica consistente en ganarse con halagos el favor popular». No responder a esas preguntas y pretender que esta realidad no existe sí es demagógico.

# Y AHORA ¿QUÉ?

La segunda respuesta del poder a las críticas económicas ha sido la de argumentar que no había alternativa, presentar las medidas adoptadas como las únicas posibles y fruto de un supuesto consenso económico en realidad inexistente. Ante esa trampa dialéctica, este libro pretende concluir con recomendaciones políticas radicalmente contrarias a las aplicadas hasta el momento y subrayar una paradoja: todas las recomendaciones que se presentan a continuación son propuestas de la misma OCDE a la que se ha escuchado a la hora de aplicar recortes. Los organismos tras los que se esconden quienes justifican las políticas actuales han recomendado otras alternativas, entre ellas:

- El empleo es el medio más prometedor de hacer frente a la desigualdad. El mayor reto consiste en crear más y mejores empleos que ofrezcan buenas perspectivas profesionales y den a la gente oportunidades reales de superar la pobreza. Esas intenciones de la OCDE deberían concretarse en políticas que incentiven la contratación fija y a largo plazo frente a un mercado como el actual, en el que 9 de cada 10 contratos son temporales o a tiempo parcial. Igualmente, debería garantizarse que tener un empleo sea sinónimo de salir de la pobreza, frente a la situación actual, en la que cada día más trabajadores viven una situación de «pobreza laboral», es decir, tienen empleo, pero el salario no les llega para pagar las facturas. La subida del salario mínimo interprofesional (SMI) es un primer paso en esa dirección sin dañar la competitividad de una economía que debería aspirar a ganar la carrera empresarial por la vía del conocimiento y el valor añadido y no por la del recorte de costes.

- La reforma de las políticas fiscales y de las prestaciones sociales es el instrumento más directo para favorecer la redistribución. Las considerables y persistentes pérdidas económicas que sufren los grupos de bajos ingresos a consecuencia de las recesiones ponen de manifiesto la importancia de las transferencias gubernamentales y las políticas bien concebidas de ayuda a los ingresos, defiende la OCDE. Eso significa que los impuestos deberían cumplir su papel real de distribuidor de la riqueza y que no procede defender su bajada o subida generalizadas para acaparar titulares, sino una política diferenciada por tramos de renta de forma que paguen más quienes más tienen y reciban quienes más necesitan. En ese terreno resulta no solo obligatorio, sino también urgente, revisar la fiscalidad de grandes empresas y productos de ahorro que a día de hoy eluden contribuir al bienestar de la sociedad en la que operan.

- Los ingresos crecientes que perciben los grupos de rentas más altas indican que estas personas tienen ahora una mayor capacidad tributaria. En este contexto, los gobiernos podrían reexaminar la función redistributiva de los impuestos a fin de velar por que los individuos más acaudalados satisfagan su parte correspondiente de la carga fiscal, afirma la organización.

- La inversión en capital humano es fundamental. Esa inversión debe comenzar en la primera infancia y mantenerse durante todo el ciclo de la enseñanza obligatoria. Una vez realizada la transición de la escuela al trabajo, deben existir incentivos suficientes para que tanto empleados como empresarios inviertan en capacitación a lo largo de la vida laboral, defiende la OCDE. En la práctica, eso significa aumentar en lugar de recortar los presupuestos educativos y de I+D y promover el intercambio cultural con otros países, especialmente en el posgrado. Esa alternativa choca frontalmente con las políticas aplicadas hasta el momento.
- Es importante garantizar la prestación de servicios públicos gratuitos y de alta calidad, tales como la educación, la salud y la atención a las familias.

Todas esas propuestas, ignoradas hasta el momento, son las que siguen siendo necesario atender para evitar que la recuperación consolide los daños causados por la crisis.

## EN LA RECUPERACIÓN, SÁLVESE QUIEN PUEDA

La amenaza central de la economía a día de hoy es que los desequilibrios provocados por la crisis se hagan crónicos durante la recuperación. Corremos el riesgo de dejar tirados también en tiempos de bonanza a aquellos a quienes ya se ha fallado durante la recesión y de entrar en una nueva fase que algunos economistas empiezan a definir como *the new normal*, una nueva normalidad con un crecimiento económico más o menos sólido pero combinado con altos niveles de paro y de desigualdad. Frente a ello, la política puede y debe actuar para identificar primero a los más vulnerables y después para evitar que los desequilibrios se vuelvan permanentes.

Tras la crisis, el retrato robot de los mejor parados en España tiene cinco características: es hombre, tiene estudios universitarios o un doctorado, un contrato indefinido y trabaja como director o gerente para una empresa de finanzas o seguros con más de 250 empleados. Por el contrario, el perfil de la pobreza en España tiene rostro de mujer, sin estudios superiores y un contrato temporal, dedicada a «labores elementales» o a asistencia en el hogar. Sin embargo, entre los diez grupos peor retribuidos en España están también quienes se dedican a «labores científicas», según revela el Instituto Nacional de Estadística. Este segundo grupo es el que debe ser ahora objeto de atención desde las políticas públicas.

Si se quiere revertir la situación actual, es imprescindible recordar que el mejor instrumento para reducir la desigualdad a largo plazo es la educación. El acceso a estudios superiores y a puestos de trabajo con mayor responsabilidad y retribución ha sido hasta ahora la mejor arma para paliar la brecha social entre ricos y pobres. Aquí de nuevo es necesaria una política pública de becas y ayudas, pues lo contrario significaría pervertir ese instrumento de nivelación para convertirlo en perpetuador de la desigualdad. El economista francés Thomas Piketty refleja en su libro cómo los alumnos de Harvard son hijos de padres con una renta media de 450.000 dólares al año, es decir, hijos del 2 por ciento más rico de Estados Unidos*. Dicho de otra forma, el 2 por ciento más rico del país consigue dar a sus hijos una educación de élite a la que otras clases sociales no tienen acceso, perpetuando así la desigualdad y convirtiendo la educación en un mecanismo separador en lugar de aglutinador. Solo una política pública de becas y ayudas al mérito, opuesta a la de recortes emprendida en los últimos años, puede corregir esa diferencia a largo plazo entre privilegiados y necesitados.

En conclusión, sí hay una alternativa. Y la defienden algunos economistas dentro de las mismas organizaciones tras las que muchos gobiernos se escudan para imponer sus políticas de recortes y de aumento de la desigualdad. La crisis se ha perdido ya. Ahora corremos el riesgo de perder también la recuperación.

---

* Piketty, Thomas. *El capital en el siglo* XXI. Madrid: Fondo de Cultura Económica, 2014. Harvard University Press.

# Agradecimientos

La lista de deudas pendientes cuando alguien escribe un libro es infinita pero merece un reconocimiento especial la periodista Natalia Junquera cuyas eternas discusiones conmigo, en ocasiones más que acaloradas, dieron lugar a este libro. Esas discusiones han servido para dar forma no solo al enfoque de la obra sino a una actitud crítica ante la economía. Mi deuda con ella no se salda con estas líneas. Agradezco especialmente a mis padres y hermanos la comprensión que han tenido durante los meses en que se les ha robado el tiempo que merecían para dedicarlo a estas páginas. Espero que puedan encontrar en ellas un reflejo de los valores en los que me educaron. También estoy en deuda con los editores Pablo Álvarez y Ana Lozano que han sufrido la indisciplina, los retrasos y las impuntualidades que únicamente puede acumular un periodista. Por último, quisiera mencionar a los economistas que me ayudan no solo en este libro sino en mi labor diaria, como el profesor José María Gay de Liébana, autor del prólogo, Jorge Morales de Labra o José Carlos Díez, con quienes mi deuda abarca ya varios años de colaboración.

Este libro
se terminó de imprimir
en el mes
de mayo de 2015